DIE SCHEIDUNGSANWÄLTIN

Saskia Schlemmer

Das Buch, das du vor deiner Hochzeit gelesen haben musst

Druckprodukt mit finanziellem
Klimabeitrag
ClimatePartner.com/17357-2407-1004

MIX
Aus verantwortungsvollen Quellen
FSC® C106954
www.fsc.org

Originalausgabe
3. Auflage 2026
Verlag Komplett-Media GmbH
Corneliusstraße 28
80469 München
+49 (89) 69989435-0
info@komplett-media.com
www.komplett-media.com
ISBN: 978-3-8312-0636-0
Auch als E-Book erhältlich

Lektorat: Redaktionsbüro Diana Napolitano, Augsburg
Korrektorat: Elisa Garrett, Bayreuth
Umschlaggestaltung: FAVORITBUERO, München
Layout und Illustrationen: Heike Kmiotek, www.heike-kmiotek.de
Satz: Daniel Förster, Belgern
Druck & Bindung: Florjancic tisk d.o.o., Maribor
Gedruckt in der EU

Aufgrund der besseren Lesbarkeit habe ich mich in diesem Buch gegen das Gendersternchen entschieden. Dafür verwende ich abwechselnd und ausgewogen sowohl das generische Maskulinum als auch das Femininum, um anzuzeigen, wie wichtig mir ein diverses Bild unserer Gesellschaft ist. Alle weiteren Geschlechteridentitäten werden dabei ausdrücklich mitgemeint.

DIE SCHEIDUNGSANWÄLTIN

Saskia Schlemmer

Das Buch, das du vor deiner Hochzeit gelesen haben musst

Rechtliche Aufklärung vor der Ehe spart Zeit, Geld und Nerven

KOMPLETTMEDIA

Inhalt

Vorwort

Herzlichen Glückwunsch, mit diesem Buch gehörst du zu der neuen Ära Frau, die nicht mehr völlig planlos in die Ehe hineinstolpert. Du trägst dazu bei, dass wir die Revolution der Ehe herbeiführen. Revolution bedeutet für mich nicht die Abschaffung der Ehe, sondern vielmehr Gleichberechtigung und Übernahme von Verantwortung. Ehe auf Augenhöhe. Ehe 2.0.

In meinem Buch geht es nicht um *müssen* oder um *richtig* oder *falsch*. Auch ich habe nicht das Patentrezept für eine glückliche Ehe, die für *imme*r hält. Mit meinem Buch hast du jetzt aber einen Ratgeber als Wegweiser in der Hand, der dir ermöglicht, deinen ganz persönlichen Weg in eine selbstbestimmte und hoffentlich lange Ehe zu gehen.

Ich selbst bin verheiratet, Mutter – der zwei tollsten Kinder der Welt – und selbstständige Anwältin im Familienrecht. Ich kenne die Herausforderungen, die ein Eheleben und Familienleben mit sich bringen, sowohl persönlich als auch beruflich. Mein Herz schlägt für die Aufklärung von Frauen, insbesondere in Bezug auf die Ehe, Eheverträge und Scheidungen. Ich will, dass *jede* Frau, bevor sie heiratet, weiß, was im Fall einer Scheidung auf sie zukommen kann. Jede Frau muss ihre Rechte kennen und wissen, worüber am Ende gestritten wird. Ich höre heute immer wieder: »Was die Ehe eigentlich bedeutet, habe ich erst während der Scheidung verstanden.« Spoiler: Da ist es zu spät!

Ehe ja oder nein? Die Frage beantworte ich kurz und knapp. Ja! Die Ehe genießt in Deutschland grundrechtlich garantierten Schutz und privilegiert Verheiratete in vielerlei Hinsicht. Sie bietet – jedenfalls in der Theorie – einen hohen Grundschutz. Viele, die sich gegen den Trauschein entscheiden, stehen – gerade wenn sie Kinder in der Beziehung versorgt haben – nahezu schutzlos da. Die Ehe ist nicht nur eine emotionale, sondern auch vor allem eine wirtschaftliche und finanzielle Entscheidung. Obwohl sich über 721.000 Menschen im Jahr 2023 das Ja-Wort gegeben haben,[1] sind die Konsequenzen den meisten nicht klar. So halten sich nach wie vor folgende Irrtümer hartnäckig:

1. Durch die Heirat gehört *beiden* alles und im Fall der Scheidung wird 50 : 50 aufgeteilt.
2. Ehepartner haften untereinander für Schulden.
3. Eheverträge sind für Superreiche und Abzocker.

Keiner will am Anfang an das traurige Ende denken. Gibt es etwas Unromantischeres, als die eigene Scheidung im Rahmen der Hochzeitsvorbereitungen durchzuspielen? Natürlich macht das Brautkleid auszusuchen und das Menü zu verkosten deutlich mehr Spaß. Gefährlich, wenn man bedenkt, dass jede **dritte** Ehe geschieden wird.[2] Das ist keine Schwarzmalerei, sondern – leider – bittere Realität. Bei dem Fakt kann niemand ernsthaft glauben, dass es einen selbst niemals treffen könnte. Die Gründe für das Scheitern einer Ehe sind vielfältig und das Ende kommt manchmal sehr überraschend und auch nicht unbedingt gewollt. Es kommt mir so vor, als würde der Verstand mit dem Anstecken des Verlobungsrings ausgeschaltet werden. Ich bin Scheidungsanwältin und eins kann ich dir sagen:

KEINE MEINER MANDANTINNEN HAT AM TAG IHRER HOCHZEIT AN SCHEIDUNG GEDACHT.

Über Scheidung, Geld, Altersarmut und finanzielle Abhängigkeit sprechen Frau und auch Mann nicht. Das will ich ändern: Ich will über die Ehe und ihre Konsequenzen aufklären und dafür sorgen, dass du vorbereitet bist. Es ist meine Mission, dafür zu kämpfen, dass sich *jede* bewusst ist, was sie erwartet, damit keine mehr sagen kann: »Das habe ich vorher nicht gewusst.«

Was passiert, wenn Frau sich über diese Thematik keine Gedanken macht, sehe ich täglich. Scheidungen sind brutal – und meine Damen: Sie können euch emotional und finanziell ruinieren. Es kann sich wirklich niemand leisten, in dieses realistische Szenario unvorbereitet hineinzugeraten. Auch im Jahr 2024 sind die Frauen es, die noch immer überwiegend ihren Job oder ihre Karriere zugunsten des Familienlebens, trotz guter Ausbildung, aufgeben, in Teilzeit arbeiten, in der Ehe die überwiegende Care-Arbeit übernehmen, während der Mann das Geld ohne große Einbußen weitererwirtschaftet. Während einer intakten Ehe ist das meistens kein Problem. »Es gehört doch alles uns, Schatz.« Diesen Satz will am Ende aber niemand mehr gesagt haben.

Und was ist dann nach der Ehe? Auch nach der Ehe übernehmen die Frauen die Hauptverantwortung für die Kinderbetreuung. Paritätische Betreuungsmodelle bilden in Trennungsfamilien mit 5 bis 10 Prozent die Ausnahme. Alleinerziehende Mütter sind nach wie vor auf dem Arbeitsmarkt unattraktiv. Durch das Zurückstecken in der Ehe für die Familie sind es die Frauen, die keine Ersparnisse ansammeln konnten. Es ist kein Geheimnis, dass alleinerziehende Frauen besonders stark von Altersarmut betroffen sind. Altersarmut ist weiblich. Frauen verfügen später im Alter über ein Viertel weniger Geld als Männer.[3] Und weil Frauen auch im Jahr 2024 trotz Doppel- und Mehrfachbelastungen finanziell noch immer das Nachsehen haben, richtet sich mein Buch primär an Frauen. Ganz nach dem Motto: #frauwachauf.

So hart es klingen mag, aber Frauen sind in Bezug auf die finanziellen Auswirkungen nach dem Ehe-Aus oft vollkommen ahnungslos. Mit meinem Buch hältst du *das* Buch in der Hand, das *alle* Verlobten, Bräute und auch bereits verheiratete Frauen lesen sollten. Dieses Buch hat insbesondere die klassische Ehe mit Kindern vor Augen. Wollt ihr keine Kinder, musst du die meisten Infos jedoch ebenfalls wissen. Deine Absicherung sieht in diesem Fall aber anders aus. Du sorgst dann dafür, dass dein Vermögen, was du dir in der Ehe aufgebaut hast, auch weiterhin im Fall einer Scheidung deins bleibt.

Es geht mir nicht darum, dass ich ein Lebensmodell vorschreiben will. Du sollst dein Leben, deine Ehe, so leben, wie du es für richtig hältst. Wenn du es dir leisten kannst, dass du nach der Elternzeit weiterhin zu Hause bleibst, mach das. Es ist deine Entscheidung, wie viel Elternzeit du nehmen möchtest und ob du die Care-Arbeit der Erwerbsarbeit vorziehst. Hier gibt es kein Richtig oder Falsch. Du musst dir aber über die Konsequenzen bewusst sein. Die finanziellen Einbußen während der Ehe haben auch Konsequenzen für die Zeit nach der Ehe. Und genau deswegen musst du, wenn du finanzielle Nachteile durch ein gelebtes Familienmodell hast, für dich einstehen und für dich vorsorgen. Das heißt konkret: Es ist deine Aufgabe, dafür zu sorgen, dass du finanziell für deine Arbeit für die Familie entlohnt wirst. Und zwar in Geld. Von einem »Danke, Schatz« kannst du dir am Ende nichts kaufen.

Geld spielt – wie so oft im Leben – die Hauptrolle bei einer Scheidung. Und mach bitte nicht den Fehler und denke, bei euch wäre das anders. Das haben alle anderen auch vorher gedacht, und schon streiten genau die, wo es vorher »niemals« hieß, darüber, ob für die Einbauküche eine Abschlagsumme zu zahlen ist, wer die USM-Haller-Regale bekommt und was eigentlich mit den Handtaschen der Frau, die sie so in der Ehe angesammelt hat, passiert. Konnte man sich noch am Tag der Hochzeit nicht einmal im Traum ausmalen, dass es mal einen Rosenkrieg geben würde, steckt man plötzlich mittendrin.

Ich kann dich nicht vor dem Scheitern deiner Ehe bewahren. Das kann niemand. Auch eine Ehe mit Ehevertrag (Spoiler: Ich bin »Team Ehevertrag«) schützt dich nicht vor einer Scheidung. Was ich kann, ist, dir die möglichen Konsequenzen einer Scheidung bewusst zu machen und die Vorteile eines Ehevertrags näherzubringen. Wenn ihr zu der Erkenntnis kommt, dass ihr keine individuellen Regelungen braucht, ist das okay. Nur weil ich Team Ehevertrag bin, heißt das nicht, dass ihr einen abschließen müsst. Ihr entscheidet. Fundierte Entscheidungen, egal ob für oder gegen die Ehe oder aber für oder gegen den individuellen Ehevertrag können nur getroffen werden, wenn die Folgen einer Entscheidung klar sind.

Bei einer Scheidung gibt es grundsätzlich immer die gleichen Punkte zu klären: Zugewinn, Versorgungsausgleich, Ehegattenunterhalt, Hausrat, Ehewohnung. Habt ihr eine Immobilie, spielt auch die eine Rolle. Krönten einst euer Glück Kinder, so kommen Sorgerecht/Umgang und Kindesunterhalt noch dazu. Auf all diese Themen werde ich in meinem Buch eingehen.

Ich möchte dir mitgeben, welche Wege es gibt, eine gleichberechtigte Ehe zu führen. Wer die Finanzen im Vorfeld klärt, hat nicht nur die Chance, eine Scheidung ohne Drama zu führen, sondern auch, dass es gar nicht erst zu einer Scheidung kommt. Ich behaupte, dass eine Ehe auf Augenhöhe, in der ihr euch beide voll verantwortlich fühlt und finanziell gleichgestellt seid, ewig Bestand haben kann. Dafür bist du allerdings gefragt: Ich appelliere an jede Frau da draußen.

WICHTIG

Du musst Verantwortung für dich selbst übernehmen und du musst für dich einstehen.

Setze dich mit einem möglichen Scheidungsszenario auseinander. Entwickle bereits vor der Ehe zusammen mit deinem Partner faire Lösungen für ein mögliches Auseinandergehen. Geht dabei offen und respektvoll mit euren Sorgen und Bedenken um. Wer heute schon an Scheidung denkt, glaubt nicht daran, dass die Ehe *nicht* halten wird, sondern ist verantwortungsbewusst. Es hat nichts damit zu tun, dass du deinen Partner nicht liebst und nicht an die Ewigkeit eurer Liebe glaubst. Ich weiß, dass es schwer ist, das Thema Scheidung vor der Ehe anzusprechen. Das erfordert Mut.

MEINE DEVISE LAUTET: SEI SCHLAU UND NICHT NAIV.

Mein Buch ist ein Crashkurs durchs Eherecht, ersetzt aber selbstverständlich keine individuelle Rechtsberatung. Ich habe das Rad nicht neu erfunden. Das Buch soll vielmehr eine Bedienungsanleitung sein, die du für die Ehe brauchst. Eine Zusammenfassung der Informationen, die du wissen musst, klar, auf den Punkt und verständlich – so gut es geht, ohne Juristendeutsch – erklärt. Ich richte mich an Laien und nicht an Juristen. Am Ende dieses Buches habe ich eine Aufzählung der Bücher gemacht, die ich selbst in meiner Praxis und auch hier als Nachschlagewerk verwendet habe. Ebenfalls findet ihr an den wichtigsten Stellen Verweise auf Urteile. Ich will dir dabei helfen, ein Problembewusstsein zu entwickeln. Anhand von überspitzten und stark vereinfachten Beispielen möchte ich euch ein doch teilweise sehr trockenes Thema näherbringen, frei nach dem Motto: Übertreibung veranschaulicht. Ich sage auch immer über mich: Ich bin eben die Anwältin, die den Zugewinnausgleichsanspruch anhand der Chanel-Tasche erklärt.

Zu Beginn befassen wir uns mit den Rechten und Pflichten, die eine Ehe mit sich bringt – von den Voraussetzungen für die Eheschließung über die steuerlichen und erbrechtlichen Folgen, den Familienunterhalt und die wichtige Frage: Wie können Zeit und Geld fair geteilt werden?, bis hin zum Versorgungsausgleich (der Rententeilung).

Anschließend widmen wir uns den vermögensrechtlichen Auswirkungen der Ehe. Was genau ist eigentlich diese Zugewinngemeinschaft und warum ist die Gütertrennung nicht der Güterstand, der zwingend in einem Ehevertrag vereinbart werden muss? Wem gehört was nach der Scheidung? Was steht dir zu und was nicht? Und es wird um die wohl größte Herausforderung zwischen Eheleuten gehen – die Ehe mit Kind. Wir besprechen, welche rechtlichen und auch finanziellen Aspekte Kinder in der Ehe auslösen.

Und last but not least erkläre ich dir den Ehevertrag. Warum ist ein Ehevertrag so wichtig und was macht einen guten fairen Ehevertrag aus? So. Jetzt geht es aber los. Wir haben viel vor. Ich wünsche dir viel Spaß beim Lesen.

DIE VERLOBUNG

RING AM FINGER – AUSGESORGT?

Verliebt, verlobt, verheiratet. Bereits die Verlobung ist viel mehr, als das bloße »Ring anstecken«. Wir befinden uns schließlich im Jahr 2024: Das obligatorische Selfie für Instagram, TikTok, Snapchat und Co. darf nicht fehlen. Bereits die Verlobung kann Konsequenzen in Form von Schadensersatz und Rückgabeansprüchen auslösen. Das Verlöbnis wird in der Juristenwelt als »ernsthaftes wechselseitiges Heiratsversprechen« definiert. Der Eheschluss ist das primäre Ziel.

»WILLST DU MICH HEIRATEN?« – »JA!« = VERLOBT

Damit die Verlobung wirksam ist, brauchst du nichts zu unterschreiben, denn sie ist nicht formbedürftig. Der Verlobungsring gehört zwar irgendwie für die meisten Frauen dazu, ist aber für eine wirksame Verlobung nicht erforderlich. Obwohl sich die Verlobten gegenseitig das Versprechen geben, einander zu ehelichen, ist die Heirat nicht einklagbar. Es gibt keinen Anspruch, die Eheschließung vor einem deutschen Gericht durchzusetzen. Niemand kann den anderen zwingen, diesen trotz eines abgegebenen Versprechens zu heiraten. Heiraten könnt ihr, wann immer ihr wollt. Insbesondere existiert kein Gesetz, woraus sich ergibt, dass ihr innerhalb eines Jahres heiraten müsst.

Die Verlobung endet in der Regel entweder durch Eheschließung, Tod oder Rücktritt. Das Verlöbnis kann jederzeit auch ohne Grund aufgelöst werden. Gefühlsmäßig mag der Status der Verlobten einen entscheidenden Unterschied machen. Im rechtlichen Sinne bleibt jedoch alles – zumindest familien-, erbrechtlich und steuerrechtlich – wie vorher. Die Verlobung hat aber einen entscheidenden Vorteil: Es existiert ein sogenanntes Zeugnisverweigerungsrecht vor Gericht. Das bedeutet, dass du als Zeuge deinen Verlobten nicht belasten musst. Du hast das Recht, deine Aussage vollständig zu verweigern. Hintergrund ist, dass man grundsätzlich dazu verpflichtet ist, vor Gericht die Wahrheit zu sagen, ansonsten würde man sich selbst strafbar machen. Wer jedoch mit einer Person, die in einem Strafverfahren auf der Anklagebank sitzt, verlobt ist, muss nicht gegen diese Person aussagen. Es steht dir aber frei, trotz des Zeugnisverweigerungsrechts auszusagen.

FUNFACT

Es kommt nicht darauf an, seit wann man verlobt ist, sondern nur ob eine Verlobung besteht. Verlobungen können schnell geschlossen und auch wieder aufgelöst werden. Ja, sogar vor dem Gerichtssaal kann kurzerhand der Kniefall stattfinden, mit der Folge, dass ein wirksames Zeugnisverweigerungsrecht existiert. Voraussetzung ist, dass ein »ernst gemeintes Eheversprechen« besteht. Hier gilt in der Regel im Zweifel für den Angeklagten.

Was passiert, wenn die Hochzeit platzt?

Musst du den teuren Klunker zurückgeben? Ja. Typische Verlobungsgeschenke wie der Brilli oder auch Briefe und Fotografien sind zurückzugeben, wenn die Verlobung aufgelöst wird. Ihr müsst das, was ihr im Hinblick auf das Versprechen zu heiraten bekommen habt, bei Rückforderung zurückgeben. Klassische Weihnachts- oder Geburtstagsgeschenke könnt ihr aber in der Regel behalten. Auch die Ausgaben in der Beziehung sind regelmäßig nicht ausgleichspflichtig. Ihr könnt also keine Zahlung für den letzten Thailandurlaub verlangen mit der Begründung, dass ihr den Urlaub nur im Glauben bezahlt habt, dass es zur Eheschließung kommt.

Üblicherweise werden in freudiger Erwartung auf den großen Tag auch Ausgaben von euch oder auch den Schwiegereltern in spe getätigt. Die Anzahlung der Hochzeitslocation, das Brautkleid etc. Wer »grundlos« (hier kommt es letztlich immer auf den Einzelfall an) vom

Verlöbnis zurücktritt, muss bedenken, dass er sich unter Umständen schadensersatzpflichtig macht. Haften muss der Zurücktretende aber immer nur für solche Aufwendungen, die nach den Umständen auch als »angemessen« zu qualifizieren sind. Was letztlich als angemessen gilt und was nicht, müsste im Streitfall durch einen Richter entschieden werden. Die Lebensverhältnisse des Paares sind dabei unter anderem eine Orientierungsgrundlage. Wenn du Wind davon bekommst, dass dich dein Verlobter auf seinem Junggesellenabschied betrügt, dass er vorbestraft ist oder unterhaltsberechtigte Kinder hat, von denen du nichts wusstest, ist der Rücktritt von der Verlobung begründet.

Ein sogenannter Brautgeldvertrag (bei dem die Familie der Braut Geld dafür bekommt, dass sie der Heirat zustimmt), ist übrigens sittenwidrig, da er mit unseren grundrechtlichen Werten insbesondere der Gleichberechtigung nicht vereinbar ist. Er wäre nichtig, also rechtlich ungültig. Es wird dann so getan, als wenn der Vertrag niemals geschlossen wurde. Keine der im Vertrag festgelegten Vereinbarung ist dann durchsetzbar.

FUNFACT

Bis Juli 1998 gab es ein sogenanntes Kranzgeld für Verlobte. So konnten verlassene Verlobte Schadensersatz bei einer aufgelösten Verlobung von ihrem Ex-Verlobten verlangen, wenn sie nicht mehr »unbescholten«, also jungfräulich waren. Hatten die Verlobten Geschlechtsverkehr, eben weil sie ja verlobt waren, und wurde das Verlöbnis anschließend vom Verlobten aufgelöst, bestand ein Anspruch auf Schadensersatz. Auf dem Heiratsmarkt hatte die nicht mehr jungfräuliche schließlich schlechte Karten.

DIE EHE

EIN KNALLHARTER VERTRAG

Voraussetzungen für die Ehe

Nach der Verlobung folgt die Hochzeit. Jede Ehe beginnt mit dem sogenannten »schönsten Tag im Leben«: In Deutschland haben im Jahr 2023 exakt 360.979 Paare »Ja« zueinander gesagt.[4] Frauen waren im Durchschnitt 32,8 Jahre und Männer 35,3 Jahre[5] alt und haben im Durchschnitt exakt 14.297,50 Euro[6] für ihre Hochzeit ausgegeben.

Für die Eheschließung müssen grundsätzlich die folgenden Voraussetzungen erfüllt sein: Zwei Menschen, die mindestens 18 Jahre alt sind, können sich vor dem Standesbeamten das Ja-Wort geben. Seit dem Jahr 2017 können nunmehr auch gleichgeschlechtliche Paare die Ehe schließen.[7] Ehe ist Ehe. Unabhängig vom Geschlecht. Das deutsche Recht folgt dem Prinzip der **Lebzeitehe**. Auch wenn eine Ehe heute ohne Weiteres geschieden werden kann, ändert dies nichts an dem Grundsatz, dass ihr mit dem Ja-Wort für immer Ja sagt.

Die Ehe ist ein höchstpersönliches Rechtsgeschäft. Beide Ehepartner müssen persönlich – eine Vertretung ist nicht zulässig – bei der Eheschließung anwesend sein. Eine kirchliche oder freie Trauung an sich ist keine rechtsgültige Ehe, wenn sie nicht von einem Standesbeamten geschlossen wurde. Es existieren auch sogenannte gesetzliche Eheverbote. Eine Ehe darf nicht zwischen engen Verwandten geschlossen werden:

1. Keine Ehe zwischen Verwandten in gerader Linie

Wer in gerader Linie verwandt ist, darf nicht heiraten, zum Beispiel Vater und Tochter. Verwandte in gerader Linie sind Personen, die direkt voneinander abstammen. Eltern, Großeltern, Kinder und Enkelkinder. Es ist dabei egal, ob sie blutsverwandt oder rechtlich verwandt sind (Adoption).

2. **Keine Ehe zwischen Geschwistern und Halbgeschwistern**
   Auch Geschwister beziehungsweise Halbgeschwister dürfen nich heiraten. Dieses Verbot gilt ebenfalls für biologisch verwandte Geschwister als auch für rechtlich anerkannte Beziehungen zwischen Geschwistern. Stiefgeschwister, die keine gemeinsamen biologischen Eltern haben, dürfen heiraten.

FUNFACT

Deinen Onkel zu ehelichen wäre nicht gesetzlich verboten.

Ebenfalls sind Doppelehen verboten. Das deutsche Recht enthält den Grundsatz der sogenannten **Einehe** (Monogamie). Bigamie, auch Doppel- oder Mehrehen sind in Deutschland verboten. Wer verheiratet ist, darf zwar denselben Partner noch einmal ehelichen, aber nicht zusätzlich eine andere Person. Eine Ehe besteht immer nur aus **zwei Personen** und jeder Mensch darf gleichzeitig nur eine Ehe führen. Die Bigamie ist in Deutschland sogar strafbar. Wer gegen diese Vorschrift verstößt, kann mit Freiheitsstrafe bis zu drei Jahren oder mit Geldstrafe bestraft werden.

FUNFACT

Ihr wisst nun, dass Bigamie in Deutschland strafbar ist. Bis zum Jahr 1969 war sogar der Ehebruch in der Ehe strafbar. Sowohl der treulose Ehepartner als auch die/der Geliebte konnten mit einer Gefängnisstrafe bis zu sechs Monaten bestraft werden.

Die Ehe – mehr als das Ja-Wort

Das Allerwichtigste, was ihr euch im Bezug auf die Ehe merken müsst, ist: Die Ehe ist ein knallharter Vertrag. Ich weiß, genau das wollen die meisten nicht hören, denn der wahre Grund für die Heirat ist schließlich die Liebe, oder? Verträge schließt du mit dem Arbeitgeber, oder wenn du ein neues Auto oder eine Immobilie kaufst. Aber doch nicht, wenn du die Liebe deines Lebens zum Mann nimmst, oder?

Mit dem Ja-Wort schließt ihr den Standardvertrag des deutschen Gesetzgebers, namens **Zugewinngemeinschaft** ab. Die Vertragsbedingungen sind gesetzt. Der folgende Satz sollte sich in eurem Kopf einbrennen:

WICHTIG

»Wer sich in Deutschland vor dem Standesamt das Ja-Wort gibt, und *keinen* individuellen Ehevertrag schließt, der schließt automatisch den Standardvertrag des Gesetzgebers – namens Zugewinngemeinschaft – ab.«

Herzlichen Glückwunsch! Ihr habt das Standardprodukt gewählt, mit dem bereits eine Vielzahl vor euch nicht zufrieden war. Das Gesetz bietet mit der Zugewinngemeinschaft zwar einen gewissen Schutz. Dieser sollte von euch aber an eure individuellen Lebensverhältnisse angepasst und konkretisiert werden, mit einem Ehevertrag! Wieso, weshalb, warum – dazu später mehr (→ ab Seite 168).

Das Top-1-Argument »Wir heiraten nicht mit Vertrag, wir heiraten aus Liebe!« möchte ich nie wieder hören. Denn Ehe ohne Vertrag gibt es nicht. Die Frage »Ehevertrag, ja oder nein?« existiert nicht. Die eigentliche Frage lautet nur: standard oder individuell? Und da frage ich dich: Wieso solltest du dich mit standard zufriedengeben, wenn du etwas Besseres haben kannst?

Mach dir klar, dass wenn du den Bund der Ehe eingehst, du deinem Zukünftigen nicht nur Liebe, Treue, Achtung und Rücksichtnahme versprichst. Du wählst mit der Ehe eine verbindliche, rechtlich abgesicherte Form des Zusammenlebens, die von unseren Gesetzen besonders geschützt wird.

IN ARTIKEL 6 ABS. 1 UNSERES GRUNDGESETZES STEHT: »EHE UND FAMILIE STEHEN UNTER DEM BESONDEREN SCHUTZE DER STAATLICHEN ORDNUNG.«

Die Ehe bringt somit eine Vielzahl von rechtlichen Regelungen mit sich, auch wenn kein individueller Ehevertrag geschlossen wurde. Diese Regelungen betreffen zum Beispiel folgende Themen, welche ich euch im Verlauf des Buches näherbringen werde:

- Ehename
- Familienunterhalt & Haushaltsführung
- Güterstand
- Erbrechtliche Folgen
- Ehegattensplitting

Care-Arbeit & Erwerbsarbeit in der Ehe

In den meisten Fällen ist es doch so: Er geht arbeiten und sie macht den Haushalt und die Kinder. Bis 1977 war die Frau für den Haushalt allein verantwortlich. Heute existiert weder ein Gesetz mit derartigen Vorgaben, noch besteht aus der Vergangenheit eine Verpflichtung, dass Haushaltsführung und Kindererziehung klassischerweise von Frauen zu erledigen sind. Seit dem 1. EheRG (»Erstes Gesetz zur Reform des Ehe- und Familienrechts«) existiert *kein* feststehendes Eheleitbild in Form der Hausfrauenehe mehr. Warum ich das im Jahr 2024 explizit betone? Weil auf Instagram, TikTok und Co. zahlreiche Tradewife-Accounts suggerieren, dass es anders sein könnte. Ihr bestimmt selbst, wie ihr Erwerbsarbeit und Care-Arbeit untereinander in gegenseitigem Einvernehmen aufteilt. Beide Ehepartner sind berechtigt, erwerbstätig zu sein. Genau so steht es im Gesetz. Laut Gesetz muss die Erwerbstätigkeit aber »familienverträglich« sein. Was genau darunter zu verstehen ist, ergibt sich nicht. Das Gesetz ist von 1977. Der genaue Maßstab muss heute ein anderer sein als früher. Der Begriff wirkt bei der aktuellen gesellschaftlichen Entwicklung fast grotesk, denn welcher Beruf ist wirklich familienfreundlich?

Der Gesetzgeber verzichtet also ganz bewusst auf ein Rollenbild. Er stellt die Haushaltsführung und die Erwerbstätigkeit in die Autonomie des Ehepaars. Es ist eure Aufgabe, die anfallenden Aufgaben fair zu teilen und gegebenenfalls neu aufzuteilen, wenn sich Lebenssituationen ändern. Keiner der Eheleute hat die letzte Entscheidungskompetenz. Und wenn die Eheleute sich nicht einigen können, dann sind beide für den Haushalt verantwortlich.[8]

☆ MERKE

Erwerbsarbeit und Haushaltsführung sind nach dem Gesetz gleichwertig und damit gleich viel wert.

Die Ehetypen

Klasssischerweise werden drei Ehe-Typen unterschieden:

1. **Einverdiener-Ehe:** Typische »Hausfrauenehe«. Strikte Aufgabentrennung (Haushaltsführung & Erwerbsarbeit). WICHTIG: Auch im Rahmen der Einverdiener-Ehe ist der erwerbstätige Ehepartner zur Mithilfe im Haushalt verpflichtet.
2. **Doppelverdiener-Ehe:** Beide Ehepartner arbeiten Vollzeit, Haushaltsführung ist gleichermaßen zu teilen.
3. **Zuverdiener-Ehe:** Ein Ehepartner ist voll erwerbstätig, der andere ist meist in Teilzeit tätig und übernimmt die Haushaltsführung überwiegend. Die Zuverdiener-Ehe ist das meist gelebte Ehemodell.

Bei Eltern, die eine paritätische Elternschaft leben, oft wenn die Einkommensverhältnisse nahezu identisch sind, hat sich ein vierter Ehe-Typ entwickelt: die doppelte Teilzeit-Ehe.

4. **Doppelte Teilzeit-Ehe:**
   Beide arbeiten in Teilzeit und übernehmen gleichermaßen Haushaltsführung und Care-Arbeit.

FUNFACT

Auch die Kinder sind gesetzlich zur Mithilfe im Haushalt verpflichtet.[9]

☆ MERKE

Ihr bestimmt, wie ihr die Haushaltsführung, Kinderbetreuung- und -erziehung sowie Erwerbstätigkeit teilt. Hier gibt es kein Richtig oder Falsch. Aber bitte seid fair. Das eine geht ohne das andere nicht. Nur weil für die Care-Arbeit am Monatsende kein Gehaltscheck reinflattert, bedeutet das nicht, dass diese Arbeit kostenlos ist.

Die typische Ehe in Deutschland im Jahr 2024

Obwohl keinerlei Vorgaben hinsichtlich der Rollenverteilung mehr bestehen, bleibt in unserer Gesellschaft die **Zuverdiener-Ehe** nach wie vor *das* Ehemodell, wenn eine Familie gegründet wird. Mit der Geburt des ersten Kindes zieht sich Frau ganz oder teilweise – jedenfalls temporär – aus der Arbeitswelt zurück. Und das meist unabhängig davon, ob ein Trauschein existiert oder nicht. Bei mehr als der Hälfte der Paare mit Kindern unter 12 Jahren arbeiten die Väter Vollzeit und die Mütter Teilzeit. Bei einem Viertel dieser Paare arbeitet die Mutter überhaupt nicht, während der Vater Vollzeit arbeitet. Von allen Frauen, die in einem abhängigen Beschäftigtenverhältnis stehen, arbeitet die Hälfte in Teilzeit mit einer wöchentlichen Arbeitszeit von 25 Stunden. Die Statistik zeigt auch, dass Frauen mit Kindern bis 12 Jahren überdurchschnittlich viel in Teilzeit arbeiten. Außerdem ist zu beobachten, dass mit zunehmendem Alter der Kinder die meisten Frauen ihre Arbeitszeit nicht ausdehnen und weiterhin in Teilzeit arbeiten.[10]

Eine paritätische Verteilung der Care-Arbeit ist nach wie vor Zukunftsvision. Frauen leisten den Großteil der unbezahlten Arbeit, und das zulasten der beruflichen Entwicklung und der eigenen körperlichen und mentalen Gesundheit. Ja, Männer übernehmen im Jahr 2024 bereits mehr Verantwortung und Care-Arbeit, das ist aber nicht die Mehrheit. Paritätische Modelle sind die Ausnahme. Nicht die Regel und die Realität! Insgesamt leisten Frauen 44,3 Prozent mehr unbezahlte Arbeit als Männer.[11] Frauen, die Mütter sind, sind besonders benachteiligt. Der Motherhood Lifetime Penalty ist real: Mütter mit einem Kind verdienen 40 Prozent, Mütter mit drei oder mehr Kindern bis zu 70 Prozent weniger in ihrem Erwerbsleben als Frauen ohne Kinder.[12]

Die Gründe für die Aufgabenverteilungen sind vielfältig. Generell treffen Familien immer die aus ihrer Sicht wirtschaftlich sinnvollste und am leichtesten umsetzbare Entscheidung. Es geht der Partner Vollzeit arbeiten, der mehr verdient. Das ist oftmals der Mann. Die Zeit mit den eigenen Kindern ist kostbar und sich bewusst für ein quantitatives Zeit-Modell zu entscheiden, ist legitim. Ja, das macht auch die gut ausgebildete und bezahlte Frau, jedenfalls temporär.

Es sind nicht nur die finanziellen Aspekte, welche die Zuverdiener-Ehe als sinnvolles Ehemodell erscheinen lassen. Auch die strukturellen Gegebenheiten im Jahr 2024 bedingen dieses Ehemodell. Es sind zum Beispiel nicht ausreichend Betreuungsplätze vorhanden – es fehlen aktuell in Deutschland 430.000 Kita-Plätze![13] Wir haben eine echte Betreuungskrise hier in unserem Land. Nicht jeder Job beziehungsweise jeder Arbeitgeber ermöglicht die Flexibilität und Toleranz, die Eltern nun mal brauchen, um Krankheit, Kitaschließungen etc. abzupuffern. Frauen mit Kindern gelten auf dem Arbeitsmarkt noch immer als unattraktiv.

Auch die Akzeptanz gegenüber Vätern, die in Elternzeit gehen wollen, ist im Jahr 2024 leider noch nicht die Regel. Ja, auch das Ehegattensplitting ist ein Mosaikstein. Dazu später mehr. Und dann gibt es auch noch die Frauen, die sich bewusst dafür entscheiden, zu Hause zu bleiben, eben weil sie es wollen. Und das ist vollkommen in Ordnung! Können wir bitte endlich anfangen, die Lebensmodelle anderer Menschen zu akzeptieren? Egal ob dieses Ehemodell bewusst gewählt wird oder die sozialen Strukturen es erzwingen. Mit der Trennung vom Partner führt dieses Modell zu Problemen und vor allem wirtschaftlichen Nachteilen. Diese Nachteile müssen auf Paarebene ausgeglichen werden. Es kann nicht sein, dass Frau die Nachteile einer familiären Entscheidung allein trägt.

Wer keine paritätische Aufteilung aller anfallenden Aufgaben hat, der muss über finanzielle Kompensationen diskutieren.

ÜBRIGENS

Jede dritte Ehe in Deutschland scheitert. Die aktuelle Scheidungsquote für das Jahr 2023 liegt bei 35,74 Prozent. Die Scheidungsquote errechnet sich, indem die Zahl der Eheschließungen mit der Anzahl der Ehescheidungen im gleichen Jahr ins Verhältnis gesetzt wird. Im Jahr 2023 wurden in Deutschland 360.979 Ehen geschlossen. Dem stehen 129.008 Ehescheidungen gegenüber. Die durchschnittliche Ehedauer beträgt 14,8 Jahre.[14]

Vor der Ehe – Klartext sprechen und Lösungen finden

Und genau deswegen musst du mit deinem zukünftigen Ehepartner alle wichtigen Details besprechen. Da führt kein Weg dran vorbei. Wie gestaltet ihr euer Eheleben und eure Finanzen? Wie sichert ihr euch gegenseitig ab und wer zahlt welchen Preis, wenn ein Kind in die

Ehe kommt? Diese Gespräche können verdammt unangenehm werden und unter Umständen sogar dazu führen, dass Heiratswillige feststellen, dass sie überhaupt nicht zusammenpassen und ihre Lebensvorstellungen nicht in Einklang zu bringen sind. Die logische Konsequenz wäre bei dieser Erkenntnis, einen Menschen, für den du Gefühle empfindest, zu verlassen und womöglich sogar eine anstehende Hochzeit abzusagen. Stimmt's? Diese Erkenntnis wäre zugegebenermaßen hart. Trotzdem besser, als später mit zwei kleinen Kindern dazustehen und zu realisieren, dass dein ungutes Bauchgefühl richtig war. Nimm den Spruch »Prüfe, wer sich ewig bindet« wörtlich.

Viel zu oft überwiegen aber die Emotionen. Nicht übereinstimmende Vorstellungen werden beschönigt und man redet sich ein, dass sich alles schon fügen wird. Vermeidungstaktik par excellence. Die Tragweite solchen Verhaltens wird dabei völlig unterschätzt. Ich bin mir sicher, dass 50 Prozent aller Ehen tatsächlich nicht geschlossen werden würden, wenn die gegenseitigen Erwartungen an die Ehe und an den Ehepartner offen kommuniziert werden würden.

FAKT IST: OHNE CARE-ARBEIT FUNKTIONIERT DIE ERWERBSARBEIT NICHT.

Keine Familie würde überleben, wenn die Sorgearbeit entfallen würde. Das Geld, das in der Ehe erwirtschaftet wird, sollte deswegen beiden zu gleichen Teilen zustehen, unabhängig davon, wer es verdient hat. Keine Frau sollte, nur weil sie zu Hause bleibt und Kind und Haushalt schmeißt, zum Mann laufen müssen, die Hand aufhalten und um Taschengeld fragen müssen. Die Rechnung ist nämlich ganz einfach, denn wer eine Haushaltshilfe (die nur den Haushalt macht, ohne Kinderbetreuung!) einstellt, der würde bei einem Mindestlohn von 12,41 Euro (Funfact: Dafür findet man in Deutschland niemanden für den Haushalt!) und einer 40-Stunden-Woche ca. 2.150 Euro im Monat brutto zuzüglich Sozialversicherungsbeiträge zahlen. Und übrigens: Die Haushaltshilfe geht dann aber irgendwann. Die meisten Frauen sind 24/7 verfügbar.

Die Nachteile durch Care-Arbeit müssen ausgeglichen werden. Hierfür sind meist drei Säulen relevant, auf die wir im Verlauf des Buches näher eingehen werden.

- Teilung von Familieneinkommen
- Ausgleich für Karriereknick
- Altersvorsorge

Die Altersvorsorge sollte immer vom Erwerbstätigen für den anderen in Elternzeit oder Teilzeit finanziert werden. Der vollständige oder teilweise Verzicht auf die Erwerbstätigkeit während der Ehe führt zu finanziellen Einbußen in und auch nach der Ehe.

WICHTIG

Einer der Sätze unserer Zeit ist: »Ein Mann ist keine Altersvorsorge.« Ich sage: Doch. Wenn ihr keine paritätische Aufgabenverteilung habt, dann ist der Mann deine Altersvorsorge. Ansonsten hast du nämlich gar keine.

Ehe ja oder nein?

Die eine oder andere Leserin könnte sich nach den gemachten Ausführungen fragen: Ist nicht zu heiraten vielleicht doch die bessere Alternative? Es gibt nur eine Antwort auf diese Frage: Nein. Ich sage immer: »Als Frau kannst du gar nicht so doof sein und ohne Ehe ein Kind bekommen.« Aus rechtlicher Sicht gibt es tatsächlich keine andere Antwort.

Auch wenn der Schutz des Gesetzes meiner Meinung nach an vielen Stellen nicht ausreicht, bietet die Ehe einen Grundschutz, dass du als Frau, die in Elternzeit und später in Teilzeit geht, nach einer Ehe nicht vollkommen ohne Ausgleichsansprüche dastehst.

Trotzdem werden Stimmen, die für die Abschaffung der Ehe plädieren, in unserer heutigen Zeit immer lauter. So setzte Emilia Roig in ihrem Buch »Das Ende der Ehe« ein klares polarisierendes Statement ab. Sie schreibt: »[…] um das Ende des Patriarchats einzuleiten, muss die Ehe abgeschafft und das Diktat heterosexueller Paarbeziehung beendet werden.«

Ich sehe das anders. Selbst wenn wir die Ehe abschaffen würden, wird es auch in Zukunft noch auf Ungleichheit aufgebaute Partnerschaften und Partnerschaftsgewalt geben.

Die Beweggründe für die Ehe möchte ich in diesem Buch aber nicht thematisieren. Fakt ist: Über 720.000 Menschen sagen pro Jahr »ja« zueinander.[15] Die Gründe, warum man heiratet, sind vielfältig. Egal ob es der Traum in Weiß ist, die Überzeugung, das Bekenntnis oder aber auch wirtschaftliche Aspekte. Die Ehe ist schlicht *kein* Auslaufmodell.

Und selbst wenn es die Ehe in einer vermeintlich perfekten Welt nicht mehr geben sollte, können wir darüber reden, wenn es so weit ist. Mein Ansatz ist, nicht irgendwelche Ideale herbeizuwünschen oder die vermeintlich perfekte Welt als Maßstab zu nehmen. Ich glaube, dass es eben viel realistischer ist, mit den Fakten und dem Status quo umzugehen.

☆ MERKE

Macht euch die Vorteile und auch die Nachteile bewusst. Die Institution Ehe kann wirtschaftlich sinnvoll genutzt werden, sodass beide von den Vorteilen der Ehe profitieren. Zu vermeiden gilt, dass einer im Fall einer Trennung alle Vorteile allein trägt. Paare, die sich gegen eine Hochzeit entscheiden, sollten immer einen Partnerschaftsvertrag abschließen.

Die Vorteile der Ehe auf einen Blick

VERHEIRATET	UNVERHEIRATET
Automatisch gemeinsames Sorgerecht	Zustimmung der Mutter erforderlich, ansonsten Vaterschaftsanerkennung oder zur Not Vaterschaftsfeststellung
Zugewinnausgleichsanspruch	
Versorgungsausgleichsanspruch	
Anspruch auf Familienunterhalt	Anspruch auf Betreuungsunterhalt
Ehegattenunterhalt (Trennungsunterhalt und nachehelicher Unterhalt)	Anspruch auf Betreuungsunterhalt
Gesetzlicher Erbe	Kein gesetzlicher Erbe
Erbschaftssteuerfreibetrag für Ehepartner: 500.000 €	Erbschaftssteuerfreibetrag für nicht Verheiratete: 20.000 €
Gemeinsames Testament möglich, sog. Berliner Testament	Nicht Verheiratete können kein gemeinsames Testament schließen
Ehegatten sind sog. nahe Verwandte und haben einen besseren Steuersatz: 7 % bis 30 %	Unverheiratete sind nicht verwandt und haben damit schlechtere Steuersätze: 30 % bis 50 %
Versorgungsfreibeträge: Der Ehegatte kann auch sog. Versorgungsbezüge vererben, z. B. eine private Lebensversicherung. Hier existieren neben dem normalen Erbschaftsssteuerfreibetrag weitere Freibeträge, die nicht angerechnet werden.	

VERHEIRATET	UNVERHEIRATET
Steuerfreier Erwerb des selbst bewohnten Familienheims (Wenn der verstorbene Ehegatte vor seinem Tod dort gelebt hat und der erbende Ehegatte nach dem Erbfall die Immobilie mindestens 10 Jahre lang selbst bewohnt.)	
Erhöhte Schenkungsfreibeträge 500.000€ alle 10 Jahre	20.000€ alle 10 Jahre
Ehegattensplitting	
Sparer-Pauschbeträge (Wenn einer keine Kapitaleinkünfte hat, kann der andere Ehepartner die 1.000€ des anderen in Anspruch nehmen.)	
Anspruch auf Witwenrente	
Ehegattennotvertretungsrecht	
Ehepartner kann grds. über die Familienversicherung mitversichert werden	
Sondertarife bei weiteren Versicherungen (Haftpflicht-, Rechtsschutz- oder auch Hausratsversicherung)	

DIE PFLICHTEN IN DER EHE

LIEBE ALLEIN REICHT NICHT

Pflicht zur ehelichen Lebensgemeinschaft

Verträge lösen Pflichten aus. So auch die Ehe. Das Besondere an dem Vertrag »Ehe« ist, dass die Pflichten in Form von Solidaritätspflichten auch noch teilweise nach Beendigung der Ehe bestehen. Das heißt, dass gewisse Pflichten auch bis (weit) nach der Scheidung andauern können.

»DIE EHEGATTEN SIND EINANDER ZUR EHELICHEN LEBENSGEMEINSCHAFT VERPFLICHTET; SIE TRAGEN FÜREINANDER VERANTWORTUNG.«

So steht es im Gesetz.[16] Generalklauseln sind Vorschriften, die sehr allgemein gehalten sind und letztlich alles oder nichts bedeuten. Ihr seid einander zur ehelichen Lebensgemeinschaft verpflichtet. Wie ihr diese für euch definiert, ist eure Aufgabe. Damit bringt der Gesetzgeber klar zum Ausdruck, dass die Gestaltung der Ehe in erster Linie euch obliegt. Ihr könnt und sollt eure Angelegenheiten selbst bestimmen. Die Rechtsprechung hat die Aufgabe, diese »Wischi-Waschi«-Vorschriften mit Leben zu füllen und letztlich zu konkretisieren. So haben sich mittlerweile die folgenden Pflichten aus der Generalklausel abgeleitet:

- Pflicht zur häuslichen Gemeinschaft
- Treuepflicht – eheliche Treue
- Pflicht zur gegenseitigen Achtung und Rücksichtnahme
- Beistands- und Garantenpflicht
- Pflicht zur Vermögensfürsorge

Pflicht zur häuslichen Gemeinschaft

Eheleute sind grundsätzlich dazu verpflichtet, eine häusliche Gemeinschaft zu bilden. Eheleute sollen in der Regel in der Ehewohnung zusammenwohnen. Wenn das Ehepaar jedoch übereinstimmend entscheidet, dass es lieber dem Trend: Living apart together (LAT) folgen will, also lieber getrennte Wohnungen bewohnt, ist das auch gestattet. Denn: Ihr entscheidet. Aber: Das bedeutet nicht, dass euch das räumlich getrennte Wohnen im Fall einer Scheidung davor schützen würde, finanziell nicht in die Verantwortung genommen zu werden. Nur weil ihr keinen gemeinsamen Lebensmittelpunkt und auch sonst separat gewirtschaftet habt, seid ihr nicht einfach so raus, wenn es um die Zahlung von Unterhalt geht.

Wichtig wird die Frage, ob eine häusliche Gemeinschaft besteht, immer dann, wenn es um die Trennung und das Bestimmen des finalen Getrenntlebens geht. Die Eheleute leben nämlich nach dem Gesetz getrennt, wenn zwischen ihnen keine häusliche Gemeinschaft besteht »und ein Ehegatte sie erkennbar nicht herstellen will, weil er die eheliche Lebensgemeinschaft ablehnt«. Weiter heißt es: »Die häusliche Gemeinschaft besteht auch dann nicht mehr, wenn die Ehegatten innerhalb der ehelichen Wohnung getrennt leben.«[17]

Also: Auf der einen Seite könnt ihr in einer ehelichen Lebensgemeinschaft leben, auch wenn ihr nicht räumlich zusammenlebt. Auf der anderen Seite könnt ihr bereits getrennt sein, selbst wenn ihr noch unter einem Dach wohnt. Ihr merkt, genau da kann es in der Praxis zu Problemen kommen.

Kannst du deinen Ehepartner jetzt verklagen und ihn zwingen, mit dir zusammenzuwohnen? Theoretisch schon. Denn für eine andere Lebensform als das Zusammenleben in häuslicher Gemeinschaft ist ja die Übereinstimmung erforderlich. Praktisch nein. In der Praxis würdest du spätestens daran scheitern, dass das Ganze nicht vollstreckt werden kann. Vollstreckung meint, dass ein Recht, notfalls mit Zwang, durchgesetzt werden kann. Natürlich kann niemand hierzulande dazu gezwungen werden, mit einer anderen Person in einer Wohnung zu leben. Dir bleibt dann nur die Trennung.

WICHTIG

Durch die eheliche Lebensgemeinschaft sind die Ehepartner auch verpflichtet, sich gegenseitig die Nutzung der Ehewohnung und der Haushaltsgegenstände zu gewähren. Was alles als Haushaltsgegenstand zu qualifizieren ist, klären wir später. Aber: Du kannst dir merken, dass du immer auf der Couch sitzen darfst, ganz egal, wem sie im rechtlichen Sinne gehört oder wer sie gekauft hat.

Treuepflicht – eheliche Treue

Die eheliche Lebensgemeinschaft verpflichtet die Ehepartner untereinander zur gegenseitigen Treue. Treue meint die sexuelle Ausschließlichkeit. Wenn die Eheleute aber übereinstimmend eine offene Ehe führen wollen, ist das legitim. Klingt für einen Außenstehenden logisch und nachvollziehbar. Du ahnst richtig: Ehebruch ist ein häufiger Grund, warum zumindest einer die Scheidung will. Gerade von betrogenen Ehepartnerinnen werde ich immer wieder gefragt, ob der untreue Ehepartner nicht strafrechtlich verfolgt werden kann. Man muss ihn doch zur Rechenschaft ziehen. Simple Antwort lautet: Nein. Eine große Rolle spielt der Betrug in der Praxis immer wieder beim Thema Unterhalt, denn die zentrale Frage lautet: Verlierst du deinen Unterhaltsanspruch, wenn du deinen Mann betrügst?

Ohne zu weit vorgreifen zu wollen: Das Gesetz kennt acht Härtefälle, in denen du deinen (nachehelichen) Unterhaltsanspruch unter bestimmten Umständen verlieren kannst. So kann zum Beispiel in den Fällen, in denen dem »Berechtigten ein offensichtlich schwerwiegendes, eindeutig bei ihm liegendes Fehlverhalten gegen den Verpflichteten zur Last fällt« der Unterhalt versagt, herabgesetzt oder begrenzt werden. (§ 1579 Nr. 7 BGB). Die große Preisfrage ist: Ist ein Betrug jetzt ein solcher Fall? In der Regel: Nein. Eine lockere Affäre oder ein Seitensprung mögen moralisch verwerflich sein, führen meistens aber nicht dazu, dass der Unterhaltsanspruch verwirkt wird. Hier wird regelmäßig kein erforderliches besonders schwerwiegendes Verhalten dran zu sehen sein. Auf subjektive Empfindungen kommt es nicht an. Allerdings ist Affäre aber nicht gleich Affäre. Wenn diese über Jahre andauert und letztlich auch für das Ehe-Aus *ursächlich*, also verantwortlich war, kann der Härtefall erfüllt sein. Das ist natürlich im Einzelfall schwer nachzuweisen, denn der Fremdgeher könnte sich immer auf den Standpunkt stellen, dass die Ehe bereits vor dem Betrug kaputt war und eigentlich die kaputte Beziehung der Grund für den Betrug war.

Zudem können auch andere Begleitumstände mit hinzutreten, die einen Betrug im Einzelfall als schwerwiegend kategorisieren. Vereinfacht gesagt kann das sein, wenn du deinem Ehepartner sprichwörtlich die Hörner aufsetzen würdest. Die Affäre und dein Verhalten also dazu geeignet war, ihn »in außergewöhnlicher Weise zu treffen, ihn in der Öffentlichkeit bloßzustellen oder anderweitig in seinem Ansehen zu schaden«.

Wann ein Betrug so schlimm ist, dass er zum Verlust des Unterhaltsanspruchs reicht, ist im Zweifel immer durch einen Richter zu entscheiden. In der Vergangenheit wurden durch die Rechtsprechung solche »besonderen Begleitumstände« angenommen, als die Frau in das älteste Gewerbe der Welt eingestiegen ist, oder aber eine Affäre mit dem Freund der Familie hatte, während der Ehemann auf Geschäftsreise war. Gerade beim letzten Fall ist fraglich, ob diese moralischen Anforderungen insbesondere unter Berücksichtigung des Wandels der heutigen Zeit auch heute so gelten würden. Immerhin wurde eine Beziehung der Ehefrau mit dem Schwiegersohn auch durch die Rechtsprechung als nicht schwerwiegendes Fehlverhalten kategorisiert.[18]

☆ MERKE

Der bloße Seitensprung und auch eine längere, aber doch lockere Affäre mag moralisch verwerflich sein, zur Verwirkung des Unterhaltsanspruchs wird dieser Fehltritt aber regelmäßig nicht führen.

Früher galt das sogenannte »Schuldprinzip« und die betrügende Ehefrau hatte unterhaltsrechtliche Nachteile. Das ist heute – in Deutschland – nicht mehr so. Das »Schuldprinzip« wurde mit der Eherechtsreform von 1976/1977 abgeschafft und durch das »Zerrüttungsprinzip« ersetzt, sodass eine Ehescheidung nicht mehr ein schuldhaftes Verhalten voraussetzt.

ÜBRIGENS

Unterhaltsrechtliche Auswirkungen ergeben sich hingegen, wenn ein in der Ehe geborenes Kind nicht vom Ehemann gezeugt wurde. Das Unterschieben eines Kindes ist als schwere Verfehlung einzuordnen. Wenn der rechtliche Vater (»Scheinvater«) Kenntnis von

dem »Kuckucks-Kind« erlangt, kann er die Vaterschaft anfechten. Die erfolgreiche Anfechtung der Vaterschaft führt zu deren rückwirkender Beseitigung. Dadurch entfallen ebenfalls rückwirkend die Unterhaltsansprüche des Kindes gegen den rechtlichen Vater. Der ehemals rechtliche Vater kann damit die bereits geleisteten Unterhaltszahlungen gegenüber dem leiblichen Vater des Kindes geltend machen.

Geschlechtsgemeinschaft – bin ich zum Sex verpflichtet?

Und wo wir gerade schon bei den wirklich wichtigen Fragen des Lebens sind: Wie ist es eigentlich mit dem Sex? Ist Sex eine eheliche Pflicht? Früher, ja! Aus der ehelichen Lebensgemeinschaft ergab sich auch ein Anspruch auf die sexuelle Gemeinschaft. Sex war eine eheliche Pflicht. Zum Glück war das Ganze nicht per Zwangsvollstreckung durchsetzbar. Man stelle sich vor, wie der Gerichtsvollzieher neben dem Ehepaar steht und den Sex durchführen lässt.

In einer legendären Entscheidung aus dem Jahr 1966 urteilte der BGH sogar, dass die Frau ihren ehelichen Pflichten nicht schon damit genügt, »dass sie die Beiwohnung teilnahmslos geschehen lässt«. Selbst wenn sie keine Befriedigung in dem Geschlechtsverkehr findet, »so fordert die Ehe von ihr doch eine Gewährung in ehrlicher Zuneigung und Opferbereitschaft und verbietet es, Gleichgültigkeit oder Widerwillen zur Schau zu tragen«.[19] Crazy, die 1960er-Jahre, oder? Jetzt wissen wir immerhin, woher die Annahme kommt, dass Sex auch eine eheliche Pflicht sei.

In Bezug auf die Frage, ob über neun Jahre fehlender sexueller Kontakt ein Indiz für die Trennung des Ehepaares sei, entschied das OLG Saarbrücken: »Eine harmonische Lebensgemeinschaft mit gegenseitiger Verantwortung füreinander bedarf nicht unbedingt eines aktiven Sexuallebens.«[20] Wir lernen also: Es haben wohl nicht alle Sex in der Ehe und sehen die Ehe trotzdem als Ehe an.

ÜBRIGENS

Erst seit der Gesetzesänderung im Jahr 1997 ist die Vergewaltigung in der Ehe eine Straftat. Zuvor wurde die Vergewaltigung in der Ehe nicht als strafbare Handlung angesehen.

☆ MERKE

Keiner darf in einer Ehe, und natürlich auch sonst nicht, zum Sex gezwungen werden. Wenn ich keinen Sex mit meinem Ehepartner will, dann verstoße ich nicht gegen eine Pflicht und mir entstehen auch keine Nachteile.

Familiengründung – auch eine Pflicht?

Ganz klar – nein! Keiner ist verpflichtet, Ehe hin oder her, Kinder in die Welt zu setzen, wenn er/sie es nicht möchte. Die Familienplanung ist ein Thema, mit dem ihr beide euch gemeinsam auseinandersetzen solltet. Am besten vor der Ehe. Die Vorstellungen, ob und wann und wie viele Kinder jemand haben möchte, können hohes Konfliktpotenzial auslösen. Seid hier ehrlich miteinander. Gerade bei dem Punkt Familiengründung müsst ihr einen Konsens haben, denn sonst wird es mit einer langen glücklichen Ehe nichts. Im Gegenteil: Eine Ehe, in der einer Kinder will, der andere nicht, ist von Anfang an zum Scheitern verurteilt. Bei diesem Thema kann kein Kompromiss gefunden werden, denn das ist ein Punkt, der nicht verhandelbar ist. Hierbei handelt es sich um einen unlösbaren Konflikt, den auch schon der bekannte Paarpsychologe Gottman thematisiert hat. Von ihm stammen die sogenannten fünf apokalyptischen Reiter, die jede Ehe zerstören können:

Die fünf apokalyptischen Reiter nach Gottman:

1. Kritik: Das Negative überwiegt und das Positive wird ausgeblendet. Statt konstruktiver Kritik gibt es nur Schuldzuweisungen, Anklagen, destruktive Kritik und generelle Verurteilungen.
2. Verachtung: Der Partner wird nicht wertgeschätzt und es fallen verletzende und kränkende Worte. Abwertendes Verhalten, Sarkasmus, Ironie, Verhöhnen, schlechte Witze auf Kosten des anderen.
3. Rechtfertigung: Die Kritik des Partners wird nicht gehört und abgewehrt. Vielmehr wird eine Verteidigungshaltung eingenommen und für etwaiges eigenes Fehlverhalten der andere verantwortlich gemacht. Die typische Opferrolle: Frei nach dem Motto: »Du meckerst doch eh nur. Ich kann es dir doch gar nicht recht machen.«
4. Rückzug: Es findet nahezu keine Kommunikation mehr statt. Der Partner verstummt und ist gleichgültig. Eine abwehrende Haltung in Mimik, Gestik und Reaktion.
5. Machtdemonstration: Der eigene Wille wird durchgesetzt und die eigene Macht dem Partner demonstriert. Es gibt keine Kompromisse.

Pflicht zur gegenseitigen Achtung und Rücksichtnahme

Die eheliche Lebensgemeinschaft begründet die gegenseitige Pflicht der Ehegatten, sich zu achten und auf die Wünsche und berechtigten Interessen des anderen Rücksicht zu nehmen. Die dazugehörigen Pflichten sind vielseitig ausgeprägt und wurden durch die Rechtsprechung konkretisiert. So haben Ehepartner gegenseitig die Persönlichkeit des anderen zu achten. Diese Pflicht besteht nicht nur in der Ehe, sondern auch noch nach der Trennung.

Unter die Rücksichtnahmepflicht fällt ebenfalls, dass ein Ehepartner es zu unterlassen hat, den anderen dazu zu drängen, für etwaige Schulden, die er allein in seinem Interesse aufnimmt, zu bürgen. Auch Verheiratete haben trotz Trauschein ein Recht auf die eigene Privat- und Intimsphäre. Persönliche Freiräume und Geheimnisse sind zulässig und wichtig. Dein Tagebuch mit deinen persönlichen Gedanken und Gefühlen sind also für deinen Zukünftigen tabu.

ÜBRIGENS

Die Briefe eures Partners ohne seine Zustimmung zu öffnen und zu lesen ist auch für Ehegatten verboten und grundsätzlich strafbar. Das Handy ist ebenfalls tabu, denn unter das Briefgeheimnis fällt auch die elektronische Kommunikation in Form von Handynachrichten aller Art, E-Mails etc.

Beistands- und Garantenpflicht

In guten wie in schlechten Zeiten. Das ist wörtlich zu nehmen. Die eheliche Lebensgemeinschaft verpflichtet euch, einander beizustehen, sofern es für den anderen zumutbar ist. Erliegt der Ehegatte einer Sucht? Helfen wir. Unterstützen wir unseren Ehepartner bei der Verfolgung seiner Interessen in Rechtsangelegenheiten? Selbstverständlich. Die Rechtsprechung hat demgegenüber jedoch die Verpflichtung zur Pflege des schwerstbehinderten Ehegatten abgelehnt, da dies weit über die gegenseitige Beistandspflicht hinausgehe.[21]

Zwischen Ehegatten besteht zudem eine Garantenpflicht. Garantenpflicht meint hier, dass die Eheleute aufgrund ihrer Beziehung eine rechtliche Verpflichtung haben, Schaden von dem anderen Ehepartner abzuwenden. Ein Ehepartner muss also aktiv werden, um zu verhindern, dass dem anderen Ehepartner Schaden zugefügt wird, wenn dieser es in einer bestimmten Situation nicht selbst kann. Genau wie Eltern gegenüber Kindern haben Ehegatten die Gefahr für Leib, Leben oder Freiheit abzuwenden. Die Garantenpflicht unter Eheleuten geht über die allgemeine Hilfeleistungspflicht, die jeden in Notsituationen trifft, hinaus. Wer also dem anderen in Gefahrensituationen nicht beisteht, kann strafrechtlich wegen Unterlassen belangt werden.

Stell dir vor, du gehst mit deinem Ehemann spazieren. Ihr streitet euch. Wie aus dem Nichts fasst er sich an sein Herz und sinkt zu Boden. Dir ist klar, dass dein Mann sofort Hilfe braucht. Da du aber immer noch sauer bist, entscheidest du dich gegen einen Hilferuf. Dein Mann stirbt. In einem solchen Fall würdest du dich nicht nur wegen unterlassener Hilfeleistung, wie bei nicht verheirateten Menschen, strafbar machen, sondern aufgrund deiner Garantenstellung als Ehefrau wegen Totschlags durch Unterlassen. Es ließe sich sogar über Mord diskutieren. Du würdest aufgrund deiner Garantenstellung strafrechtlich so behandelt werden, als wenn du deinen Ehemann aktiv selbst getötet hättest. Die Garantenstellung endet, sobald ein Ehepartner sich mit ernster Absicht trennt und die eheliche Lebensgemeinschaft nicht mehr will.

☆ MERKE

In schlechten Zeiten werden wir oftmals auf die Probe gestellt. Mit der Ehe habt ihr die Pflicht, eurem Ehepartner beizustehen und ihn zu unterstützen.

Pflicht zur Vermögensfürsorge

Letztlich seid ihr dazu verpflichtet, die finanziellen Belastungen eures Partner zu minimieren, solange eure eigenen Interessen dadurch nicht beeinträchtigt werden. Das gilt auch noch für die Zeit der Trennung. So soll der Unterhaltspflichtige nicht finanziell übermäßig belastet werden, oder ein Ehepartner soll aus Boshaftigkeit nicht aus einem Mietvertrag entlassen werden. Besondere Bedeutung hat die Vermögensfürsorgepflicht im Rahmen der steuerrechtlichen Zusammenveranlagung von Eheleuten. So sind die Ehepartner grundsätzlich dazu verpflichtet, die steuerlich günstigste Veranlagungsform zu wählen. Die Ehegatten sind immer dann dazu verpflichtet, in die Zusammenveranlagung einzuwilligen, wenn dadurch die Steuerschuld von einem Ehegatten verringert wird, während der andere dadurch nicht zugleich zusätzlichen steuerlichen Belastungen ausgesetzt ist.[22] Wenn ein Ehepartner der Zusammenveranlagung nicht zustimmt, kann er sich schadensersatzpflichtig machen. Der andere Ehepartner ist aber immer gleichzeitig dazu verpflichtet, eine sogenannte Freistellungserklärung zu erteilen, sodass dem der Zusammenveranlagung zustimmenden Ehegatten keinerlei Nachteile entstehen. Diese Verpflichtung gilt auch noch nach der Trennung. Insoweit spricht die Rechtsprechung von den Nachwirkungen der Ehe.[23]

Unterhaltspflichten unter Ehegatten

Ehe bedeutet auch Absicherung und Absicherung bedeutet Unterhalt. Wie ihr bereits wisst, wird die Ehe auf Lebzeit geschlossen. Das heißt ganz konkret, dass ihr nicht nur während der Ehe, sondern auch danach regelmäßig gegenseitig verpflichtet seid. Dies zeigt sich insbesondere beim Thema Unterhalt. Je nachdem, in welchem Stadium zwischen Ehe und Scheidung ihr euch befindet, wird wie folgt zwischen den nachfolgend aufgeführten Unterhaltsformen unterschieden, auf die ich gleich noch genauer eingehen werde:

FAMILIEN-UNTERHALT § 1360 BGB	EHEGATTENUNTERHALT	
	Trennungsunterhalt § 1361 BGB	Nachehelicher Unterhalt[24] §§ 1569 ff. BGB
Wechselseitiger Anspruch der Eheleute	Anspruch des wirtschaftlich unterlegenen Ehegatten	Anspruch des wirtschaftlich unterlegenen Ehegatten
In der Ehe (während ehelicher Lebensgemeinschaft)	Ab Trennung bis zur Rechtskraft der Scheidung	Ab Rechtskraft der Scheidung Wie lange? Ca. ¼ bis ⅓ der Ehezeit

Für alle Unterhaltsansprüche gilt:

1. Unterhaltsansprüche müssen aktiv geltend gemacht werden, das heißt, der Unterhaltspflichtige ist aufzufordern.
2. Rückwirkend kann kein Unterhalt verlangt werden, wenn nicht zur Zahlung aufgefordert beziehungsweise Auskunft verlangt wurde. Unterhaltsforderungen werden also immer erst dann fällig, wenn zur Zahlung aufgefordert oder in Verzug gesetzt wurde. Nachdem der Unterhaltspflichtige zur Zahlung aufgefordert wurde, muss er seiner Verpflichtung nachkommen und zahlen. Macht er dies nicht, kommt er in Verzug.

Familienunterhalt – dein Unterhaltsanspruch in der Ehe

Der Familienunterhalt ist die erste Säule, die für finanzielle Fairness und Gerechtigkeit in einer Ehe sorgt, denn mit dem Familienunterhalt wird die Care-Arbeit entlohnt. Für Eheleute existiert ein Rechtsanspruch auf Unterhalt in der Ehe. Ja, ihr habt richtig gelesen. § 1360/1360a BGB ist keine Neuerung des Gesetzgebers, allerdings ist die dort enthaltene Botschaft nicht so bekannt und erst recht nicht gelebte Praxis. Ehegatten haben untereinander in der Ehe einen Anspruch auf Unterhalt, und zwar unabhängig davon, ob Kinder aus der Ehe hervorgehen oder nicht. Bei Familienunterhalt handelt es sich nicht um eine Schenkung unter Ehegatten, sondern um einen gesetzlichen Unterhaltsanspruch, der auch nicht steuerpflichtig ist.

WICHTIG

Voraussetzung für den Anspruch auf Familienunterhalt ist: Die Eheleute leben in einer ehelichen Lebensgemeinschaft und sind nicht getrennt.

Die Ehegatten sind sich *gegenseitig* dazu verpflichtet, alles in ihrer Macht Stehende zu tun, um den Bedarf, den die jeweilige Familie aufgrund ihrer Lebensverhältnisse hat, zu decken. In Abhängigkeit von dem, was für die Haushaltsführung und Deckung der persönlichen Lebensverhältnisse erforderlich ist, müssen die Ehegatten ihre Arbeitskraft und ihr Einkommen jeweils einsetzen.

Wenn du die Haushaltsführung komplett übernimmst, erfüllst du deine Unterhaltspflicht, und zwar vollständig. Du bist auch nicht dazu verpflichtet, einer zusätzlichen Teilzeit-(Erwerbstätigkeit) nachzugehen. Derjenige, der einer Erwerbstätigkeit nachgeht, muss das erwirtschaftete Geld für die Familie einsetzen.

☆ MERKE

Der Anspruch auf Unterhalt existiert zwingend in allen Güterständen und kann auch nicht durch einen Ehevertrag ausgeschlossen werden. Viele wollen im Rahmen einer Scheidung rückwirkend für ihre Leistung bezahlt werden und den Familienunterhalt für die Vergangenheit geltend machen: Das geht nicht! Außer:

- Du hast deinen Ehepartner in der Vergangenheit bereits zur Zahlung von Familienunterhalt aufgefordert. ODER:
- Ihr habt einen Ehevertrag, in dem ihr die Zahlung von Familienunterhalt vereinbart habt.

Teilung von Gesamteinkommen

Familienunterhalt ist, wie Trennungsunterhalt und nachehelicher Unterhalt, auch in Geld zu zahlen. Die hälftige Teilung des Gesamteinkommens entspricht dem im Eherecht geltenden Halbteilungsgrundsatz. Was aus der Ehe entsteht, ist auf die Leistung beider zurückzuführen. Dem Halbteilungsgrundsatz liegt das Verständnis zugrunde, dass beide Ehepartner einen gleichen Beitrag zur ehelichen Lebensgemeinschaft beitragen. Somit sollen auch beide Ehepartner, unabhängig von den übernommenen Aufgaben, am Ende der Ehe gleichermaßen profitieren, sodass jedem Ehegatten beim Zugewinn, Versorgungsausgleich und beim Unterhalt die Hälfte von dem in der Ehe Erwirtschafteten zusteht.

Haushaltsgeld und Taschengeld sind vielen bekannt. Familienunterhalt geht aber noch weiter. Familienunterhalt heißt 50 : 50-Teilung des Gesamteinkommens der Familie, wobei immer unterstellt ist, dass die Gesamtarbeitsbelastung beider Ehepartner gleich hoch ist. Am Ende oder am Anfang eines jeden Monats sollen beide Ehepartner gleich viel Geld auf dem *eigenen* Konto haben und insoweit auch die anfallenden monatlichen Ausgaben jeweils zur Hälfte übernehmen. Das entspricht dem gesetzlichen Verständnis: Erwerbsarbeit und Care-Arbeit sind gleich viel wert.

Es wird zwar in der Literatur häufig noch die Auffassung vertreten, dass Familienunterhalt auch durch Naturalleistungen (Wohnen, Verpflegung etc.) gezahlt werden kann, was aber weder überzeugt noch zeitgemäß ist. Wenn Arbeitsleistungen als gleichwertig qualifiziert werden, muss auch die Entlohnung gleich sein.[25]

Unabhängig von irgendeinem Rechtsanspruch und ganz egal, ob irgendein Gericht der Welt der Meinung ist, dass Familienunterhalt in Geld zu zahlen ist und das Gesamteinkommen eingesetzt werden muss, kann ganz individuell – am besten ehevertraglich – vereinbart werden, dass ihr euer Gesamteinkommen teilt.

Berechnungsbeispiel:

Ausgangslage ist immer das familienrechtlich bereinigte Nettoeinkommen[26] der Eheleute. Derjenige, der mehr verdient, muss dem Ehepartner das Delta auf seinem Konto ausgleichen. Sodann werden die Ausgaben hälftig geteilt. Ein vereinfachtes Beispiel:

Wir nehmen ein Ehepaar, Karla und Max, das mit zwei Kindern (3 und 6) in Ehetyp 3, der Zuverdiener-Ehe, lebt. Max arbeitet Vollzeit und verdient 4.300 Euro netto (Steuerklasse 3) pro Monat. Karla verdient in Teilzeit 1.500 Euro netto (Steuerklasse 5) plus überwiegend Care-Arbeit. Sie wohnen in einer Mietswohnung in München und haben Familienausgaben in Höhe von 3.200 Euro (Miete, Nebenkosten, Versicherungen, Internet, Kita, Hobbys der Kinder, Netflix, Freizeitaktivitäten).

Gesamteinkommen: 5.800 Euro netto. Jedem würden also 2.900 Euro zustehen.[27] Karla bekommt also einen Ausgleichsbetrag von Max in Höhe von 1.400 Euro überwiesen. Beide zahlen die Hälfte der anfallenden Familienausgaben in Höhe von 1.600 Euro.

KARLA	MAX
Nettoeinkommen: 1.500 €	Nettoeinkommen: 4.300 €
→ Gesamteinkommen: 5.800 € (für beide jeweils 2.900 €)	
	Max' Überweisung an Karla: 1.400 €
Konto beider nach Ausgleich: 2.900 €	
→ Familienausgaben: 3.200 € (beide zahlen jeweils 1.600 €)	
Kontostand: 1.300 €	Kontostand: 1.300 €

Warum kein gemeinsames Konto?

Die große Frage ist nun: Ist das wirklich eine Praxislösung? Ist das nicht viel zu umständlich? Zugegebenermaßen lassen sich die wenigsten den Familienunterhalt ausrechnen. Viel einfacher – und letztlich vom Ergebnis her gleich – ist es doch, wenn alles aufs gemeinsame Konto geht. Dann werden dort die Ausgaben abgebucht und jeder hat vollen Zugriff. Das ist definitiv ein fairer Gedanke. (Im Gegensatz zu dem Paar, das auch nach der Kindererziehung noch strikt trennt. Er zwar mehr Miete zahlt, aber am Ende des Monats es immer so aussieht, dass sie +/- Null dasteht und er noch einen Betrag übrig hat.) In der Ehe ist das – wenn man den richtigen Partner an seiner Seite hat, der die Einstellung teilt – meist kein Problem. Genau bis zum Tag der Trennung. Sorry to say! Dann kommt das böse Erwachen. Vorher hieß es noch: »Schatz, es ist doch alles unser!« Mit Trennung heißt es dann im O-Ton: »Ich habe ja schon in der Ehe alles allein gezahlt und dann will ich jetzt nicht auch noch weiterhin alles allein zahlen.« Aha. Also doch nicht die Leistung *beider*, durch die das Leben der Familie ermöglicht und finanziert wurde?

☆ MERKE

Meine Empfehlung: Jeder von euch hat sein eigenes Konto, auf dem dann am Ende der gleiche Betrag pro Monat, nach Abzug der Kosten, zur Verfügung steht. Damit ist klar: Care-Arbeit wurde bezahlt. Jeder hat eigenes Geld und beide haben in der Ehe alles bezahlt.

Falls ihr euch dazu entscheidet, ein **Gemeinschaftskonto** zu führen, gibt es einige Punkte, auf die ihr achten solltet:

- Gemeinschaftskonto bedeutet, dass ihr beide als Kontoinhaber bei der Bank geführt werdet, also Eheleute XY.
- Ein bloßer Zugang durch eine Zweitkarte zum Konto des Mannes ist *kein* gemeinsames Konto. Über das Geld kann ausschließlich der Kontoinhaber verfügen. Wenn du nur die Zweitkarte hast, dann kann dein Mann die Karte im Trennungsfall einkassieren.
- Da beide Eheleute Kontoinhaber sind, haben beide die gleichen Rechte. Jeder kann unabhängig vom anderen über das Konto ver-

fügen. Hier haften bei der Überziehung *beide* Ehepartner. Das kann oft im Fall einer Trennung zum Problem werden. Auch hier haftet ihr als Gesamtschuldner. Überzieht dein späterer Ex das Konto, kann nicht zahlen, dann wendet sich die Bank an dich.
- Auch bei der Auflösung des Kontos bedarf es der Zustimmung beider Ehepartner.

Ehegattenunterhalt

Die Unterhaltspflichten der Eheleute überdauern die Ehe. Ehegattenunterhalt ist Ausdruck der sogenannten **nachehelichen Solidarität**. Ehegattenunterhalt teilt sich in Trennungs- und nachehelichen Unterhalt. Hierbei handelt es sich um zwei separate Ansprüche.

Trennungsunterhalt ist grundsätzlich bis zur Rechtskraft der Scheidung zu zahlen. Ab rechtskräftiger Scheidung besteht unter bestimmten Voraussetzungen ein Anspruch auf nachehelichen Unterhalt. Ehegattenunterhalt steht dem wirtschaftlich schwächeren Ehegatten zu, der nach einer Trennung oder Scheidung nicht in der Lage ist, den ehelichen Lebensbedarf selbst zu decken (derjenige, dem Unterhalt zusteht, ist der Unterhaltsberechtigte). Der andere Ehegatte (derjenige, der Unterhalt zahlen muss, ist der Unterhaltspflichtige) muss auch wirtschaftlich in der Lage sein, die Unterstützung zu gewährleisten, ohne dabei selbst finanziell gefährdet zu sein. Am Ende darf ein etwaiger Ehegattenunterhaltsanspruch auch nicht ausgeschlossen sein. Das ist der Fall, wenn ein Härtefallgrund vorliegt, ihr erinnert euch an den Betrug. Die Gründe, warum ein Unterhaltsanspruch beschränkt oder versagt werden kann, sind abschließend in § 1579 BGB geregelt. Gründe können zum Beispiel die folgenden sein:

- »Kurze Ehedauer«: Einzelfallentscheidung, aber kurze Ehe in der Regel 2 bis 3 Jahre.

- »Mutwillige Herbeiführung der Bedürftigkeit«: Wenn du zum Beispiel deinen Job verlierst, weil du alkoholabhängig bist und keine Therapiemaßnahmen ergriffen hast.
- »Leben in verfestigter Lebensgemeinschaft«: Der Unterhaltsberechtigte lebt in einer neuen verfestigten Lebensgemeinschaft. Eine verfestigte Lebenspartnerschaft ist oft nicht nachzuweisen, denn schlussendlich kann immer wieder behauptet werden, dass man sich getrennt habe.

Trennungsunterhalt

Der Anspruch auf Trennungsunterhalt steht immer dem wirtschaftlich schwächeren Ehepartner ab dem Zeitpunkt der Trennung und der Geltendmachung, bis zur Rechtskraft der Scheidung zu. Der Anspruch *muss* geltend gemacht, der andere also zur Zahlung oder zur Auskunftserteilung über seine wirtschaftlichen Verhältnisse aufgefordert werden. Trennungsunterhalt muss in Geld gezahlt werden und monatlich im Voraus.

Voraussetzung für die Zahlung von Trennungsunterhalt ist, dass das Ehepaar getrennt ist. Surprise. Das ist der Fall, wenn keine häusliche Gemeinschaft mehr besteht und keiner der Ehegatten diese wieder herstellen will. Offensichtlich ist das der Fall, wenn ein Ehegatte auszieht. Aber: Das Getrenntleben der Eheleute kann auch angenommen werden, wenn beide Eheleute noch in der gemeinsamen Wohnung zusammenleben. Die häusliche Gemeinschaft darf hier aber ebenfalls nicht mehr bestehen. Hierfür ist entscheidend, dass keiner der Ehegatten für den anderen mehr sogenannte Versorgungsleistungen (Einkaufen, Waschen, Kochen, Putzen etc., Dinge, die man eben so während des Zusammenwohnens für den anderen macht), erbringt.

Die Rechtsprechung verlangte lange ausnahmslos die strikte Trennung von Tisch und Bett. Dieser Grundsatz wurde durch die Rechtsprechung im Jahr 2024[28] ein wenig aufgeweicht. Insbesondere bei Familien mit Kindern hat die Rechtsprechung sich ein wenig an die Lebensrealität Vieler angepasst. Bzgl. des Tisches ist nun keine »vollkommende Trennung« zwangsläufig immer erforderlich. Die Ehegatten sind als Eltern grundsätzlich dem Wohl ihrer Kinder verpflichtet, sodass auch Malzeiten mit den gemeinsamen Kindern, nach der neuen Rechtsprechung, der Trennung im juristischen Sinne nicht zwangsläufig entgegenstehen. Auch kleinere Handreichungen sind erlaubt, solange diese keine, dem ehelichen Zusammenleben ähnliche Regelmäßigkeit und Intensivität erreichen. Auch ein freundschaftlicher, anständiger und vernünftiger Umgang schließt eine Trennung nicht per se aus. Dies gilt insbesondere, wenn gemeinsame Kinder in der Wohnung leben. Aber Achtung, die Trennung muss weiterhin nach außen sichtbar sein. Daher müssen die getrennten Eheleute weiterhin getrennt schlafen, dürfen keinen gemeinsamen Haushalt führen und dürfen auch keine intensive persönliche Beziehung zueinander pflegen. Die Rechtsprechung hat dafür zwar die Voraussetzungen etwas entschärft, aber damit die Rechtsunsicherheit erhöht. Denn wenn keine klaren grenzen vorhanden sind, birgt das Potential zur Diskussion. Am Ende bleibt es immer eine Einzelfallentscheidung.

☆ MERKE

- Getrennt = Rechtsprechungsgrundsatz (bis 2024): »Trennung von Tisch und Bett«. Strikte Trennung auch unter einem Dach! Trennung innerhalb der gemeinsamen Wohnung möglich, aber keinerlei Versorgungsleistungen. Kurz: WG-Hölle mit Extra Regeln.
- Aufweichung ab 2024: gemeinsame Mahlzeiten (insbesondere mit Kindern), kleinere Handreichungen und ein normaler freundlicher Umgang stehen einer Trennung nicht automatisch entgegen.

ÜBRIGENS

Auch wenn die Eheleute im Trennungsjahr noch räumlich zusammenleben, besteht, solange die Trennung in sämtlichen anderen Lebensbereichen stattfindet, ein Anspruch auf Trennungsunterhalt. Existiert aber noch ein gemeinsames Konto, wo beide ihr komplettes Gehalt draufzahlen und jeder vollen Zugriff hat, gilt das nicht.

Der Trennungsunterhalt soll in erster Linie sicherstellen, dass der Lebensstandard aus der Ehezeit temporär aufrechterhalten bleibt. Ein den »ehelichen Lebensverhältnissen und den Erwerbs- und Vermögensverhältnissen« *angemessener* Trennungsunterhalt kann verlangt werden. Für den jeweiligen angemessenen Lebensbedarf sind die Verhältnisse in der Ehe entscheidend. Wie habt ihr gelebt? Was war für euch normal? Bedürftigkeit ist individuell. Es ist nicht erforderlich, dass ein Ehepartner am Existenzminimum lebt, sondern euer Lebensstandard ist ausschlaggebend. Eigenes Einkommen wird mitberücksichtigt. Wenn aber das Einkommen nicht ausreicht und der Ehepartner, weil er eben einen höheren Lebensstandard aus der Ehe gewohnt war, mehr Geld zum Leben braucht, gilt er als bedürftig. Demzufolge existiert auch kein Mindestbetrag, der immer an Trennungsunterhalt zu zahlen ist. Umfasst wird der gesamte Lebensbedarf: Wohnung, Nahrungsmittel, Kleidung, Gesundheitsversorgung, Hobbys, Freizeitaktivitäten, Erholung, gesellschaftliche Anlässe, Kosten der Krankenversicherung und auch der Anspruch auf einen Verfahrenskosten-Vorschuss.

IM TRENNUNGSJAHR GILT DIE GOLDENE REGEL:
KEINE WIRTSCHAFTLICHE SCHLECHTERSTELLUNG.

Alles soll so bleiben, wie es während der Ehe war, denn im Trennungsjahr besteht die Ehe, zumindest auf dem Papier, noch fort. Wenn du also in der Ehe immer das Auto deines Mannes gefahren bist, dann darf er es dir nicht einfach wegnehmen. Passiert aber gern in der Praxis. Hast du in der Ehe nicht gearbeitet, so musst du auch im Trennungsjahr nicht arbeiten.

Wenn dein Mann euch als Familie ein Luxusleben beschert hat, ihr mit euren drei Kindern in einer Villa gelebt habt, morgens mit Champagner in den Tag gestartet seid und du, nachdem du die Tagesaufgaben an Haushälterin, Nanny und Gärtner verteilt hast, dich von eurem Chauffeur zum Botoxen und Friseur fahren lassen hast, die Ferien an den unterschiedlichsten Orten dieser Welt verbracht hast – natürlich bist du immer First-Class geflogen –, dann ist dieses Luxusleben – definitiv im Trennungsjahr – für die Höhe des Trennungsunterhalts maßgeblich.

WICHTIG

Es zählt immer das Gesamteinkommen der Familie und es gilt, wie wir gelernt haben, der Halbteilungsgrundsatz. Jedem steht die Hälfte zu.

Wichtig wäre in dem obigen Fall, dass du den konkreten Bedarf, also dass du eben so viel zum Leben brauchst, weil du in der Ehe so gelebt hast, darlegen und beweisen kannst. Unterhalt, egal ob Trennungsunterhalt oder der nacheheliche Unterhalt können …

- entweder nach konkreter Bedarfsbemessung verlangt werden
- oder aber nach Quote.

Der Quotenunterhalt ist eine deutlich vereinfachte Variante. Frei nach dem Motto: Es gilt der Halbteilungsgrundsatz: Dir steht die Hälfte zu. (Es ist zwar nicht ganz die Hälfte, denn die Rechtsprechung erkennt für denjenigen, der erwerbstätig ist, einen Erwerbstätigenbonus von 10 Prozent an.)[29] Der genaue Unterhaltsanspruch muss aber immer individuell berechnet werden. Als Faustformel kannst du dir aber merken: Würde ein Ehegatte einen Anspruch auf nachehelichen Unterhalt haben und kein eigenes Geld verdienen, so hätte er mit Berücksichtigung des Erwerbstätigenbonus einen Anspruch auf 45 Prozent des Nettoeinkommens des Unterhaltspflichtigen.

Der vereinfachte Quotenunterhalt kann allerdings *nur* bis zu einem Gesamteinkommen von aktuell 11.200 Euro (15. Einkommensstufe der Düsseldorfer Tabelle) bereinigtes Nettoeinkommen gefordert werden. Bis zu diesem Betrag wird nämlich vermutet, dass das Einkommen für den gesamten Lebensbedarf der Familie verwendet wurde. Bei höheren Einkommen muss der Bedarf konkret dargelegt werden, denn hier wird vermutet (du kannst das aber selbstverständlich widerlegen), dass nicht alles für den Konsum verwendet wurde, sondern auch ein Teil des Einkommens in die Vermögensbildung geflossen ist.

Trennungsunterhalt und **Trennungsjahr** sind zu unterscheiden. Trennungsunterhalt wird auch nach Ablauf des Trennungsjahres, nämlich bis zur Rechtskraft der Scheidung gezahlt. Bis eine Scheidung rechtskräftig ist, kann es unter Umständen Jahre dauern. So lange ist Trennungsunterhalt zu zahlen. Nach Ablauf des Trennungsjahres ändert sich regelmäßig die Berechnungsgrundlage für den Trennungsunterhalt: Im Trennungsjahr gilt zum Beispiel: Du musst nicht mehr arbeiten, als du in der Ehe gearbeitet hast. Nach Ablauf des Trennungsjahres bist du aber grundsätzlich dazu verpflichtet, wieder voll arbeiten zu gehen, sogenannte Erwerbsobliegenheit.

Wenn du in dem oben dargestellten Fall im Trennungsjahr in der Villa wohnen bleibst, musst du dir nur einen Wohnwert für eine Immobilie, die du dir nach deiner wirtschaftlichen Lage leisten könntest, anrechnen lassen, der sogenannte subjektive Wohnwert. Nach Ablauf des Trennungsjahres ist der Wert anzusetzen, der auf dem freien Markt für die Villa an Miete zu erzielen wäre, der sogenannte objektive Wohnwert. Ab dem 1. des Monats, in dem die Scheidung rechtshängig wird, besteht zusätzlich noch ein Anspruch auf Altersvorsorgeunterhalt.

☆ MERKE

- Trennungsunterhalt kann *niemals*, auch nicht durch Ehevertrag, ausgeschlossen werden, weil es gesetzlich verboten ist.[30]
- Trennungsunterhalt ist in Geld zu zahlen.
- Trennungsunterhalt kann nicht rückwirkend für die Vergangenheit geltend gemacht werden. Deswegen muss mit dem Tag der Trennung zur Zahlung von Unterhalt aufgefordert oder Auskunft verlangt werden.
- Es existiert keine Beschränkung des Trennungsunterhalts bei einer sogenannten »kurzen Ehe« (Ehe von 2 Jahren).

EXKURS:
Wann kann ich mich eigentlich scheiden lassen?

Sollte es irgendwann einmal zur Trennung kommen, fackel nicht lang und lass dich anwaltlich beraten. Du brauchst in solch einer Situation einen Experten, der deinen individuellen Fall konkret einschätzt.

Du hast ein Recht, dich scheiden zu lassen, wenn es nicht mehr passt! Das Gesetz vermutet, unwiderlegbar, dass die Ehe gescheitert ist, wenn die Ehegatten seit einem Jahr getrennt leben und beide Ehegatten die Scheidung beantragen oder der Antragsgegner der Scheidung zustimmt. Die Scheidung ist also regelmäßig nach Ablauf des Trennungsjahres möglich. Derjenige, der sich scheiden lassen will, muss das einjährige Getrenntleben beweisen. Deswegen empfehle ich immer, die Trennung schriftlich mitzuteilen, zum Beispiel per Mail. Wenn der andere der Scheidung nicht zustimmen will, kommt es nach dem Ablauf von drei Jahren nicht mehr auf seine Zustimmung an. Die Ehe gilt dann als unwiderlegbar zerrüttet. Scheidungen ohne Einhaltung des Trennungsjahres sind nur in absoluten Notfällen, die in der Praxis sehr selten sind, möglich.

Die Rechtsprechung ist bei Härtefallscheidungen äußerst zurückhaltend. Die Fortsetzung der Ehe muss für einen Ehepartner objektiv unzumutbar sein. Allein die Tatsache, dass du deinen Ex nicht mehr ertragen kannst, er ein Narzisst ist, oder du von einem anderen ein Kind erwartest und schnell geschieden werden willst, ist nicht ausreichend.

Der Einzelne hat subjektiv meist ein anderes Verständnis als die Rechtsprechung. Gewaltanwendung oder Misshandlung des anderen Ehegatten oder eines Familienmitglieds können einen solchen Härtefall darstellen. Ehebruch ist kein Härtegrund.

Übrigens: Ein Versöhnungsversuch von drei Monaten unterbricht das Trennungsjahr nicht. Wenn ihr im Rahmen des Trennungsjahres eurer Ehe doch noch eine zweite Chance geben wollt, es noch mal versucht und dann feststellt, dass es doch vorbei ist, zählen die Monate trotzdem zum Trennungsjahr. Das Trennungsjahr beginnt nicht wieder von vorn an zu laufen. Dauert euer Versöhnungsversuch länger als drei Monate, dann muss wieder zwölf Monate gewartet werden, bis die Scheidung eingereicht werden kann.

Im Bezug auf die Scheidung müsst ihr euch noch den Begriff **Rechtshängigkeit** merken. Eine Scheidung ist rechtshängig von dem Zeitpunkt an, wenn der von einem eingereichte Ehescheidungsantrag dem anderen Ehepartner durch das Gericht zugestellt wird. Dieser Zeitpunkt ist zum Beispiel im Erbrecht relevant, ebenfalls ist dieser Zeitpunkt maßgeblich für die Berechnung des Zugewinnausgleichs und auch des Versorgungsausgleichs.

Dann gibt es noch die Rechtskraft der Scheidung. Wenn eine Scheidung rechtskräftig ist, dann ist die Scheidung durch. Von diesem Zeitpunkt an gibt es keine Möglichkeit mehr, sich es anders zu überlegen. Stellt ihr nach dem Eintritt der Rechtskraft der Scheidung fest, dass es doch die falsche Entscheidung war, ist das zu spät. Es gibt nur eine Lösung: erneut heiraten. In der Liebe ist schließlich alles möglich.

Nachehelicher Unterhalt

Ab rechtskräftiger Scheidung kann der wirtschaftlich schwächere Ehegatte vom Ex-Ehepartner unter bestimmten Voraussetzungen weiterhin Unterhalt verlangen. Eine Lebensstandard-Garantie à la »einmal Arztgattin, immer Arztgattin« gibt es seit der Unterhaltsrechtsreform 2008 nicht mehr. Dein Luxusleben von oben steht dir also nicht automatisch bis zu deinem Tod zu. Seit der Reform gilt der Grundsatz, dass nach der Scheidung jeder für sich selbst verantwortlich ist und für den eigenen Lebensunterhalt aufkommen muss – Grundsatz der Eigenverantwortung. Dennoch existieren im Gesetz sieben Unterhaltstatbestände,[31] aus denen sich ein Anspruch auf nachehelichen Unterhalt ergeben kann:

1. Betreuungsunterhalt (Unterhalt wegen der Betreuung eines Kindes)
2. Unterhalt wegen Alters
3. Unterhalt wegen Krankheit oder Gebrechen
4. Unterhalt wegen Erwerbslosigkeit
5. Aufstockungsunterhalt
6. Unterhalt wegen Ausbildung, Fortbildung oder Umschulung
7. Unterhalt aus Billigkeitsgründen

Diese Unterhaltstatbestände dienen dazu, ehebedingte Nachteile auszugleichen. So können bestimmte Umstände vorliegen, die es dem geschiedenen Ehepartner nicht möglich machen, eigenständig für den Lebensunterhalt zu sorgen. Wer sich auf einen der genannten Unterhaltstatbestände beruft, muss darlegen und beweisen, dass ein Unterhaltsanspruch besteht. Der Anspruch auf nachehelichen Unterhalt kann sich auch aus mehreren der sieben Unterhaltstatbestände ergeben. So kann sich dann der Anspruch auf nachehelichen Unterhalt zum Beispiel teilweise aus Betreuungs- und Aufstockungsunterhalt ergeben. Da es sich hierbei um zwei häufige, in der Praxis vorkommende nacheheliche Unterhaltstatbestände handelt, werden diese im nachfolgenden behandelt. Auf die weiteren Unterhaltstatbestände wird nicht weiter eingegangen.

Betreuungsunterhalt

Wer die Pflege oder Erziehung gemeinsamer Kinder nach der Scheidung übernimmt, muss bis zum dritten Geburtstag des jüngsten Kindes nicht arbeiten und kann von dem geschiedenen Ehegatten einen Basisunterhalt verlangen. Der Betreuungsunterhalt ist ein Anspruch des Ehegatten, der das Kind betreut. Dieser hat nichts mit dem Kindesunterhaltsanspruch zu tun (dazu später im Kapitel »Die Ehe mit Kindern« mehr → ab Seite 144). Der Betreuungsunterhalt ist dein Geld, das dir zum Bestreiten deines Lebensunterhalts zusteht.

Fremdbetreuung oder nicht, das kannst du entscheiden. Es existiert keine sogenannte Erwerbsobliegenheit. Solltest du trotzdem arbeiten gehen, wird dieses Einkommen aber auf den Unterhalt angerechnet. Dein Unterhaltsanspruch reduziert sich also. Du bist aber dazu befugt, deine Erwerbstätigkeit aufzugeben, ohne dass du dafür sanktioniert wirst. Erst ab dem dritten Geburtstag deines jüngsten Kindes besteht eine Erwerbsobliegenheit. Ab diesem Zeitpunkt bist du als betreuender Elternteil grundsätzlich dazu verpflichtet, wieder Vollzeit arbeiten zu gehen.

Wer keinen vollen Betreuungsplatz für sein Kind hat, kann aber nun mal nicht Vollzeit arbeiten gehen. Genau deswegen ist in der Praxis auch regelmäßig über das dritte Lebensjahr hinaus Betreuungsunterhalt zu zahlen. Dadurch, dass aber ab dem dritten Geburtstag grundsätzlich die Erwerbsobliegenheit zur Vollzeitbeschäftigung besteht, muss immer der betreuende Elternteil vortragen und beweisen, wieso, weshalb, warum er eben nicht voll arbeiten gehen kann und jedenfalls anteilig einen Unterhaltsanspruch hat. Ihr könnt euch sicherlich vorstellen, dass es hier in der Praxis immer wieder zu Streit zwischen den Ex-Eheleuten kommt. Wenn sich die Ex-Ehepartner hier nicht einig sind, entscheidet im Zweifel immer ein Richter, ob und wie viel der betreuende Elternteil zusätzlich zu der Kinderbetreuung arbeiten gehen muss. Es kommt immer auf den konkreten Einzelfall an. Um Konflikte bezüglich des Unterhaltsanspruchs später zu vermeiden, können hierzu im Vorfeld individuelle Regelungen in einem Ehevertrag getroffen werden. Mehr dazu im Kapitel »Der Ehevertrag« (→ ab Seite 168).

ÜBRIGENS

Auch Nicht-Verheiratete haben einen Anspruch auf Betreuungsunterhalt. Das Äquivalent für Unverheiratete ist in § 1615 l BGB geregelt.

Aufstockungsunterhalt

Der Aufstockungsunterhalt ist Ausprägung des Halbteilungsgrundsatzes. Auch nach der Ehe sollen die Eheleute beide gleichermaßen – jedenfalls für einen gewissen Zeitraum – in wirtschaftlicher Hinsicht gleichgestellt sein. Auch wenn beide Eheleute nach der Scheidung grundsätzlich für ihren Unterhalt selbst aufkommen müssen und Vollzeit arbeiten gehen, hat derjenige, der weniger verdient, für eine gewisse Zeit, einen Anspruch auf Aufstockungsunterhalt gegenüber dem Besserverdienenden. Am Ende steht beiden Eheleuten sodann in identischer Höhe Geld zur Verfügung. In Abhängigkeit von der Ehedauer sollen die Eheleute also beide gleichermaßen von der Ehe profitieren. In unserem obigen Beispiel hättest du also auch noch weiterhin durch den Aufstockungsunterhalt für eine gewisse Zeit Anspruch, das Luxusleben fortzuführen.

Höhe und Dauer des nachehelichen Unterhaltsanspruchs

Auch beim nachehelichen Unterhaltsanspruchs ist, wie beim Trennungsunterhalt bereits ausgeführt, die Höhe des konkreten Beitrags von den individuellen ehelichen Lebensverhältnissen der Ex-Ehepaare abhängig. Auch hier gilt der Halbteilungsgrundsatz. Alle wirtschaftlich relevanten Faktoren – berufliche, gesundheitliche sowie familiäre – spielen eine Rolle. Der gesamte Lebensbedarf[32] ist zu decken. Es existiert keine Bedarfshöchstgrenze. Die ehelichen Lebensverhältnisse richten sich nach den vorhandenen Familieneinkommen.

FUNFACT

Schwarzgeld ist für den Unterhalt vollkommen irrelevant. Kein Richter der Welt kann Schwarzgeld zu Weißgeld machen und es bei der Unterhaltsberechnung berücksichtigen. Deinen Liebsten später anzuzeigen ist auch nicht besonders schlau, denn Steuernachzahlungen würden deinen Unterhalt oder Zugewinn minimieren.

Genau wie der Trennungsunterhalt kann der nacheheliche Unterhalt nach Quote gefordert werden. Bei höheren Einkommen muss eine konkrete Bedarfsbemessung erfolgen. Ab rechtskräftiger Scheidung kann unter Umständen auch noch zusätzlich ein Krankenvorsorgeunterhalt (einschließlich Pflegevorsorge) geltend gemacht werden.

Wie lange nachehelicher Unterhalt zu zahlen ist, ist immer im Einzelfall, letztlich im Streitfall durch das Gericht, festzulegen. Es kann davon ausgegangen werden, dass etwa ein Viertel bis ein Drittel der Ehezeit zu zahlen ist.

Bei Tod oder Wiederheirat des Unterhaltsberechtigten erlischt der Unterhaltsanspruch. Neue Ehe, neuer Unterhaltsanspruch.

DIE RECHTE IN DER EHE

WAS DIR WIRKLICH ZUSTEHT

Ehename

Wie wollen wir heißen? Das ist wahrscheinlich in der Hochzeitsvorbereitung eine der meistdiskutierten Fragen zwischen künftigen Eheleuten. Seit dem 01.05.2025 gibt es ein neues Namensrecht. Nun könnt ihr zwischen fünf verschiedenen Varianten wählen:

1. **Gemeinsamer Ehename**
   Beide tragen einen gemeinsamen Namen, den sogenannten Ehenamen. Dieser kann entweder der Geburtsname von einem der Eheleute sein, oder wenn einer schon mal verheiratet war, der durch die frühere Ehe angenommene Name. Es ist sogar möglich, dass ein Doppelname, der aus einer vorherigen Ehe entstanden ist, neuer gemeinsamer Ehename in der nachfolgenden Ehe wird. Legen die Eheleute einen Ehenamen fest, ist dieser automatisch auch der Name, den die zukünftigen Kinder von Geburt an tragen werden.
   Beispiel: Frau Klee und Herr Blatt heiraten. Als gemeinsamer Ehename wird Blatt gewählt. Das Kind trägt somit automatisch den Ehenamen Blatt. Solltest du bei einer Scheidung deinen Geburtsnamen Klee wieder annehmen, heißt dein Kind erstmal weiterhin Blatt.

2. **Jeder behält seinen Geburtsnamen**
   Es wird kein gemeinsamer Ehename gewählt. In dieser Konstellation müssen die Eheleute entscheiden, welchen Nachnamen die gemeinsamen Kinder tragen sollen.
   Beispiel: Frau Klee und Herr Blatt heiraten. Beide behalten ihren Namen. Für das gemeinsame Kind wird einer der beiden Namen gewählt, hier Blatt.

3. Einer behält seinen Namen, der andere Ehepartner nimmt einen Doppelnamen an

Der gemeinsame Name ist immer der Ehename, der andere der sogenannte Begleitname. Der Ehepartner, dessen Name nicht zum Ehename wird, kann sich aussuchen, ob der angenommene Ehename vor oder nach den Geburtsnamen geführt werden soll. Die gemeinsamen Kinder tragen den Ehenamen. Der Ehename und der Begleitname müssen seit dem 1.5.2025 nicht mehr durch einen Bindestrich getrennt werden.

Beispiel: Frau Klee und Herr Blatt heiraten. Der gemeinsame Ehename soll Blatt lauten. Herr Blatt bleibt somit Herr Blatt. Frau Klee kann wählen zwischen den Doppelnamen Frau Klee Blatt, Frau Blatt Klee, Frau Klee-Blatt oder Frau Blatt-Klee. Das Kind trägt den Ehenamen Blatt.

4. Ehedoppelname

Eine neue Variante ist der Ehedoppelname. Die zukünftigen Eheleute können ihre Geburtsnamen behalten und zu einem Ehedoppelnamen zusammenführen. Dieser Doppelname wird dann zum Familiennamen, diesen erhalten dann auch die gemeinsamen Kinder. Beispiel: Mutter heißt Klee, Vater heißt Blatt. Sie bestimmen, dass der Ehedoppelname Klee Blatt sein soll. Somit trägt die gesamte Familie nun den Namen Klee Blatt.

Der Doppelname muss zukünftig nicht mehr durch einen Bindestrich getrennt werden. Nicht erlaubt ist, den Namen zusammenzuziehen, also Kleeblatt. Auch sollen keine »neuen« Namen durch Zusammensetzung, sogenanntes »Mashing« entstehen. Der Name Blalee ist unzulässig.

5. Nur die Kinder bekommen einen Doppelnamen

Bei dieser Variante bestimmen die Eheleute keinen gemeinsamen Ehenamen. Jeder behält seinen Namen und nur das gemeinsame Kind/die gemeinsamen Kinder bekommt/bekommen einen Doppelnamen aus beiden Geburtsnamen der Eltern, also: Mutter: Klee, Vater: Blatt: Kinder: Klee Blatt.

Wer sich für einen Doppelnamen entscheidet, unabhängig ob nur für sich, für die ganze Familie oder nur für die Kinder, kann diesen nur aus zwei Namen bilden. Wer schon einmal verheiratet war und einen Doppelnamen trägt, der muss sich für einen Namen entscheiden.

Wichtig

Wenn ihr Eltern eines Kindes werdet, keinen Ehenamen bestimmt und das gemeinsame Sorgerecht habt, solltet ihr innerhalb eines Monats nach der Geburt des Kindes einen Geburtsnamen für euer Kind festlegen. Ansonsten erhält das Kind automatisch nach Ablauf der Frist einen Doppelnamen aus den Namen beider sorgeberechtigter Elternteile. Der Doppelname wird aus den Namen der Eltern in alphabetischer Reihenfolge gebildet.

Die Eheleute sollen, müssen aber nicht, einen Ehenamen bestimmen. In der Regel wird der Standesbeamte vor der Eheschließung das Ehepaar fragen, ob es einen Ehenamen bestimmen will. Falls sie das tun, so ist dieser automatisch Familienname. Ob ein Begleitname bestimmt wird, kann auch später entschieden werden. Hier ist keine Frist einzuhalten. Wer die Erklärung abgibt, kann diese auch wieder rückgängig machen. Allerdings nur einmal. Ich kann also nicht: Begleitnamen bestimmen, widerrufen und wieder bestimmen.

Für den Fall, dass man sich scheiden lassen sollte, hat die Scheidung keine Auswirkung auf den Namen. Gleiches gilt, wenn ein Ehepartner verstirbt. Insbesondere ist niemand dazu verpflichtet, einen angeheirateten Namen nach der Scheidung wieder abzulegen, es sei denn, es wurde hierzu eine andere ehevertragliche Vereinbarung getroffen. Der Name bleibt, wenn nichts unternommen wird. Er kann sogar in einer neuen Ehe neuer Familienname werden. Gefällt dir der angenommene Name so gut und auch dein potenzieller Ehemann Nr. 2 möchte so heißen, dann ist das kein Problem.

FUNFACT

Bekanntes Beispiel: Michael Wendler, der gar nicht Wendler heißt, sondern als Skowronek geboren wurde und nur unter dem Künstlernamen Michael Wendler auftritt. Bei seiner ersten Hochzeit mit Claudia Norberg nahm dieser den Namen Norberg an, trat aber immer noch unter dem Künstlernamen Michael Wendler auf. Nach der Scheidung behielt er den Namen Norberg und heiratete Laura Müller. Diese nahm den Namen Norberg an. Was ein Traum, wenn die Neue dann deinen Namen trägt …

Es steht jedem frei, den Geburtsnamen nach der Scheidung wieder anzunehmen. Dies erfolgt nach rechtskräftiger Scheidung durch eine Erklärung zur Namensänderung gegenüber dem zuständigen Standesamt. In einem Ehevertrag könnt ihr bzgl. der Namensfortführung individuelle Regelungen treffen: Eine Vereinbarung, in der sich ein Ehepartner dazu verpflichtet, dass der angenommene Ehename im Fall einer Scheidung wieder abzulegen ist, dass der Name nicht im Geschäftsverkehr verwendet werden darf, oder auch, dass ein angeheirateter Ehename im Fall einer Scheidung nicht an einen neuen Ehepartner weitergegeben werden darf, ist zulässig. Es ist sogar zulässig, für den Fall einer schuldhaften Verletzung der vertraglichen Pflicht, eine Vertragsstrafe zu vereinbaren. Überlegt euch aber gut, ob ihr so was wirklich unterschreiben wollt.

Viele ändern ihren Ehenamen nach der Scheidung nicht, weil sie gerne so heißen möchten wie ihre Kinder. Bis zur Namensrechtsreform konnten Kinder ihren Geburtsnamen nur über das Gericht ändern lassen. Die Familiengerichte waren bei ihren Entscheidungen sehr konservativ. Eine Namensänderung war somit sehr schwierig und ging nur in seltenen Ausnahmefällen.

☞ Durch die Namensrechtsreform können nun auch Scheidungs- und Stiefkinder leichter ihren Namen ändern lassen.

☞ Kinder, die den Namen eines Stiefelternteils tragen, der leibliche Elternteil sich von dem Stiefelternteil trennt oder das Kind nicht mehr im Haushalt der Stieffamilie lebt, kann es den Namen der Stieffamilie wieder ablegen.

☞ Lebt ein minderjähriges Kind nach der Scheidung seiner Eltern im Haushalt eines Elternteils, das wieder seinen Namen, den es vor der Hochzeit getragen hat, wieder angenommen hat, kann auch das minderjährige Kind diesen Namen wählen oder sogar aus dem bisherigen Familiennamen und dem geänderten Familiennamen einen Doppelnamen bilden. Die Namensänderung ist beim jeweils zuständigen Standesamt vorzunehmen. Beispiel: Die Mutter hieß vor der Eheschließung Klee, der Vater hieß Blatt.

Der Ehename wurde Blatt, auch das gemeinsame Kind heißt Blatt. Nach der Scheidung nimmt die Mutter wieder den Namen Klee an. Das Kind wohnt bei der Mutter und kann nun wählen, ob es auch den Namen ändern lassen will: 1. Möglichkeit: Auch Klee, wie die Mutter. 2. Möglichkeit: Aus beiden Namen (Blatt und Klee) einen Doppelnamen. Klee Blatt oder Blatt Klee.

☞ ABER: GANZ WICHTIG!!! Die Namensänderung eines minderjährigen Kindes kann nicht gegen den Willen eines sorgeberechtigten Elternteils erfolgen. Wenn dieser also der Namensänderung nicht zustimmt, muss im Zweifel das Familiengericht entscheiden.

☞ Eine Namensänderung darf auch nicht gegen den Willen des minderjährigen Kindes erfolgen. Ab dem fünften Lebensjahr müssen die Kinder der Namensänderung zustimmen. Ab dem 14. Lebensjahr müssen die minderjährigen Kinder mit der Zustimmung der Sorgeberechtigten die Namensänderung selbst vornehmen.

☞ Volljährige Kinder können einmalig selbst entscheiden und mit der Zustimmung eines Elternteils (desjenigen, dessen neuen Namen sie annehmen oder hinzunehmen wollen) eine eigene Erklärung zur Namensänderung beim Standesamt abgegeben.

- Sie können wählen, ob sie den Familiennamen durch den Familiennamen des anderen Elternteils ersetzen. Wenn das volljährige Kind einen Doppelnamen hat,

kann es diesen auch auf einen Namen »kürzen« lassen. Das Kind kann sogar einen neuen Doppelnamen aus den Familiennamen beider Elternteile wählen.
- Ein volljähriges Kind kann auch bestimmen, ob es einen Doppelnamen mit oder ohne Bindestrich führen möchte.

Wenn ihr vor der Namenrechtsreform geheiratet habt, ihr euren Ehenamen nun aber gerne anders gestalten wollt, könnt ihr dies durch Erklärung gegenüber dem Standesamt tun. Dabei habt ihr verschiedene Gestaltungsmöglichkeiten:

- Wenn ihr noch keinen Ehenamen gewählt habt, könnt ihr das entsprechend dem neuen Namensrecht machen.
- Ihr könnt den derzeitigen Ehenamen einmalig widerrufen und einen neuen bestimmen oder einen gemeinsamen Doppelnamen bilden und diesen zum Ehenamen bestimmen.
- Wenn ihr damals einen Doppelnamen mit Bindestrich gewählt habt, könnt ihr, durch eine gemeinsame Erklärung, bestimmen, dass der Bindestrich wegfallen soll.

Wichtig

Auch Unverheiratete können ihrem Kind einen Doppelnamen geben, der aus beiden Namen zusammengesetzt wird.

Gesetzliches Erbrecht der Eheleute

Gibt es noch ein unangenehmeres Thema als die Scheidung vor der Hochzeit? Ja, den Tod eines geliebten Menschen. Und dennoch ist es wichtig, dass ihr auch hier wisst, was eure Rechte als hinterbliebener Ehegatte sind. Grundsätzlich empfehle ich nicht nur allen Eheleuten einen Ehevertrag zu schließen, sondern zudem ihr Testament zu verfassen.

Erbrechtliche Regelungen

Eheleute sind gesetzlichen Erben. Der Güterstand, in dem die Eheleute leben, ist entscheidend für die erbrechtlichen Folgen. Die nächsten Ausführungen beziehen sich auf die Zugewinngemeinschaft, wenn keine erbrechtlichen Regelungen getroffen wurden. Das ist der Regelfall. Wenn ein Ehegatte verstirbt, dann erbt automatisch der hinterbliebene Ehegatte. Allerdings fast niemals allein, womit wir zu *dem* Mythos im Erbrecht kommen: »Wenn ein Ehepartner stirbt, dann erbt der andere Ehepartner automatisch *alles*.« Das ist falsch und insbesondere, wenn man keine Kinder hat, führt dieser Mythos zu bösen Überraschungen, wenn man plötzlich nicht nur allein dasteht, sondern sich auch noch mit den Schwiegereltern in einer sogenannten Erbengemeinschaft befindet.

☆ MERKE

Ohne Testament erbst du als Ehepartner nur ganz allein, wenn der Verstorbene weder Kinder, Enkel, Eltern, Geschwister, Neffen/Nichten oder Großeltern hinterlässt. Existiert kein Testament und kein Erbvertrag, dann gilt immer die gesetzliche Erbfolge.

DER GESETZLICHE ERBTEIL DES EHEGATTEN				
	keine Kinder	neben 1 Kind	neben 2 Kindern	> 2 Kindern
Zugewinngemeinschaft	¾ = ½ Erbteil + ¼ pauschaler Zugewinnausgleich	½ = ¼ Erbteil + ¼ pauschaler Zugewinnausgleich	½ = ¼ Erbteil + ¼ pauschaler Zugewinnausgleich	½ = ¼ Erbteil + ¼ pauschaler Zugewinnausgleich
Gütertrennung	½ Erbteil	½ Erbteil	⅓ Erbteil	¼ Erbteil

Die Erbengemeinschaft

Wenn ihr wollt, dass ihr euch gegenseitig allein beerbt, dann braucht ihr ein Testament, indem ihr euch als Alleinerben einsetzt. Ansonsten bleibt es bei den eben aufgeführten Regelungen und ihr bildet mit den weiteren Erben eine Erbengemeinschaft. Das Problem an der Erbengemeinschaft ist, dass die meisten und vor allem die wichtigsten anstehenden Entscheidungen von allen Erben einstimmig getroffen werden müssen. Die Erbengemeinschaft ist eine sogenannte Gesamthandsgemeinschaft, was bedeutet, dass alle alles erben, jeweils entsprechend ihrer Erbquote.

Ihr müsst euch das so vorstellen: Wenn ihr eine Immobilie mit eurem Ehepartner besitzt und je zur Hälfte im Grundbuch steht, dann könnt ihr mit euren 50 Prozent (in Theorie) alles machen. Ihr könnt frei darüber verfügen. Das ist bei einer Erbengemeinschaft nicht der Fall. Ist das Erbe ausschließlich eine Immobilie, dann erbt ihr nicht anteilsmäßig die Immobilie, sondern alle Erben erben quasi die gesamte Immobilie. Um deinen Anteil zu bekommen, müssen alle anderen einem

Verkauf zustimmen. Wenn sich einer querstellt, dann sitzt man da und gegebenenfalls sorgt ein Miterbe für die Versteigerung der Immobilie, was oft zum Nachteil aller Erben ist.

Wie verfasse ich ein Testament?

Ein Testament ist ein rechtliches Dokument, in dem du festlegen kannst, wie dein Vermögen verteilt werden soll, wenn du verstirbst. Es muss nicht zwingend beim Notar gemacht werden, sondern jeder kann ein solches zu Hause mit Blatt und Stift erledigen. Wichtig ist, dass das Testament immer eigenhändig geschrieben und unterschrieben wird. Es ist nur wirksam, wenn du es mit der Hand selbst schreibst und unterschreibst. Nur der Notar darf das Testament mit dem Computer schreiben.

Wenn Eheleute ein Testament gemeinsam handschriftlich verfassen wollen, dann ist es ausreichend, wenn einer das Testament schreibt und der andere mit dem Zusatz »dies ist auch mein letzter Wille« versieht und es unterschreibt. Ein handschriftlich selbst verfasstes Testament solltet ihr beim Amtsgericht hinterlegen.

Das notariell beurkundete Testament hat zwei Vorteile: 1. Die Erben und im Zweifel die Gerichte müssen nicht spekulieren, was die Verstorbenen wirklich gewollt haben. 2. Der Erbe braucht in den meisten Fällen später keinen Erbschein zu beantragen und so können wertvolle Zeit und auch Kosten gespart werden.

Das Berliner Testament

Eheleute können, müssen aber nicht ein gemeinsames Testament verfassen. Wer sich allerdings dazu entschließt, der muss wissen, dass dieses dann nicht mehr ohne Weiteres einseitig abgeändert werden kann, es sei denn, es sind entsprechende Regelungen im Testament enthalten. Das Ganze nennt sich: Berliner Testament. Das Berliner Testament kann eine Lösung sein, passt aber nicht in allen Fällen. Dabei setzen sich die Ehepaare gegenseitig als Alleinerben ein. Das heißt konkret: Verstirbt dein Ehemann, so erbst du als Alleinerbin. Bei einem kinderlosen Ehepaar erbt dann nur der Ehepartner. Die unliebsame Verwandtschaft ist raus. Habt ihr Kinder und dein Mann verstirbt, dann erbst du als Alleinerbein. Erst mit deinem Tod erben eure Kinder zu gleichen Teilen. Eure Kinder sind dann Schlusserben.

Ausgehend vom obigen Beispiel, verheiratet, zwei Kinder, gesetzliche Erbfolge, würde sich folgende Änderung durch die Alleinerbeneinsetzung der Eheleute ergeben:

GESETZLICHE ERBFOLGE VERHEIRATET, ZWEI KINDER	ALLEINERBENEINSETZUNG DER EHEGATTEN, BERLINER TESTAMENT
Überlebender Ehegatte: ½	Alleinerbe
Kinder je ¼	Kinder Pflichtteil je ⅛

Setzen sich die Ehepartner gegenseitig als Alleinerben ein, enterben sie zugleich die Kinder. Den Kindern steht aber ein Pflichtteil zu. Der Pflichtteil ist immer die Hälfte des gesetzlichen Erbteils. Ihren Pflichtteilsanspruch können sie beim Tod des Vaters geltend machen. Das kann zu Streitigkeiten und vor allem auch zu Liquiditätsproblemen beim überlebenden Ehepartner führen. Eine Lösung können sogenannnte Pflichtteilklauseln sein. Der gesetzliche Pflichtteil kann nur »umgangen« werden, wenn der Pflichtteilsberechtigte auf den Pflichtteil verzichtet. Hierzu ist ein notariell erklärter Pflichtteilsverzicht erforderlich, was beim Notar gemacht werden muss. Minderjährige Kinder können weder selbst noch vertreten durch ihre Eltern auf ihren Pflichtteil verzichten.

Außerdem zu beachten ist, dass beim Berliner Testament im Fall einer neuen Ehe der neue Ehepartner ebenfalls erbrechtliche Ansprüche hat. Das Geld, was ja eigentlich mal für die Kinder später sein soll, landet so unter Umständen – zumindest zum Teil – bei Ehefrau Nr. 2 oder 3. Hier können wiederum sogenannte Wiederverheiratungsklauseln Abhilfe schaffen.

Vorsicht: Bei den sogenannten Pflichtteils- und Wiederverheiratungsklauseln verbergen sich rechtliche Tücken. Das Berliner Testament kann auch steuerliche Nachteile haben, weil die Kinder das gesamte Vermögen beider Elternteile auf einmal bekommen und somit den Erbschaftssteuerfreibetrag von 400.000 Euro überschreiten können. Es kommt also auch hier auf eure individuelle Familiensituation an.

Übertragung konkreter Vermögensgegenstände

Wer konkrete Vermögensgegenstände (Geld, Immobilien oder andere Wertgegenstände) übertragen willl, kann dies durch die sogenannte »Schenkung unter Lebenden« oder durch ein »Vermächtnis/Verfügung von Todes wegen« machen. Bei der Schenkung unter Lebenden überträgst du als Schenker zu Lebzeiten Vermögensgegenstände. Bei einem Vermächtnis erfolgt die Übertragung im Zuge des Todes. In einem Testament kannst du anordnen, dass konkrete Vermögensgegenstände, die du hast, nach deinem Tod an eine bestimmte Person gehen sollen. Auf diesen konkreten Gegenstand hat derjenige dann auch einen Rechtsanspruch. Werden Kinder beispielsweise für den Schlusserbfall gemeinsam als Erben benannt und soll unter ihnen eine konkrete Verteilung durchgeführt werden, kann dies durch ein Vorausvermächtnis geschehen. In diesem Fall müssen Wertunterschiede nicht ausgeglichen werden. Explizit sollte in einem Testament klarstellend mit aufgeführt werden, ob ein Ausgleich unter den Kindern zu erfolgen hat oder nicht.

Ich kann nur an euch appellieren, dass ihr nie allein am Küchentisch ohne juristische Beratung gemeinsam Verfügungen von Todes wegen trefft. Hier kann viel schiefgehen.

ÜBRIGENS

Schenkungen und Vermächtnisse an die Kinder werden gerne gemacht, um Schenkungssteuer zu sparen. So kann der Freibetrag von 400.000 Euro alle zehn Jahre genutzt werden.

☆ MERKE

- Mit dem Ja-Wort bist du automatisch gesetzliche Erbin.
- Dein Erbrecht endet mit der Rechtshängigkeit des Scheidungsantrags, also wenn dieser zugestellt wird.
- Sobald du dich trennst, musst du sofort klären, ob in erbrechtlicher Hinsicht Änderungen vorgenommen werden, denn auch im Trennungsjahr würde ohne Testament der Ehepartner als gesetzlicher Erbe noch erben. Nach der Scheidung brauchst du ein sogenanntes Geschiedenen-Testament. (Wenn du nichts im Testament geregelt hast, dann würde im Fall einer Scheidung dein Ex-Ehemann als der gesetzliche Vertreter eurer gemeinsamen Kinder das Erbe verwalten. Sollte dann auch noch das Kind versterben, dann wäre der Ex auch noch Miterbe oder Pflichtteilsberechtigter.)
- Auch wenn ihr jemanden enterbt oder selbst enterbt werdet, niemand kann um seinen gesetzlichen Pflichtteilsanspruch gebracht werden. Die einzige Möglichkeit, den Pflichtteilsanspruch auszuschalten, ist der notarielle Pflichtteilsverzicht.
- Du kannst auch als Ehefrau dein Vermögen vererben, an wen du willst. Sämtliche Zuwendungen an den Geliebten sind übrigens nicht per se sittenwidrig.

ERBRECHT AUF EINEN BLICK		
	Ehegatte	Kinder
Gesetzliche Erbfolge keine Kinder	Nur alles, wenn keine weiteren Angehörigen, sonst erbt Ehepartner ¾	–
Gesetzliche Erbfolge Kinder	½	Ein Kind: ½ Zwei Kinder je ¼ Drei Kinder: je ⅙ Vier Kinder: je ⅛
Erbschafts-steuerfreibetrag	500.000 €	Je Kind 400.000 € pro Elternteil
Berliner Testament	Gemeinsames Testament der Ehegatten	

Vertretung unter Ehegatten

Ein weiterer Irrglauben unter Eheleuten ist, dass Ehepartner automatisch Vollmacht füreinander erhalten und den anderen vertreten und für ihn handeln können. Das ist falsch. Der Trauschein verleiht keine Generalvollmacht. Wenn du für deinen Ehepartner tätig werden willst, brauchst du grundsätzlich eine Vollmacht.

Hier ein Beispiel: Ihr zieht gemeinsam in eine neue Mietwohnung. Der Mietvertrag wird nur vom Ehemann unterschrieben. Die Ehefrau ist damit nicht automatisch Mieterin geworden. Somit kann der Vermieter von der Ehefrau keine Miete fordern, auch dann nicht, wenn der Ehemann nicht zahlt. Hat die Ehefrau dem Ehemann jedoch eine wirksame Vollmacht ausgehändigt, in der sie den Ehemann ermächtigt, den Mietvertrag für sie mitzuunterzeichnen, so wird die Ehefrau ebenfalls Mietvertragspartei. Beide Ehepartner haften somit gleichermaßen für die Miete als Gesamtschuldner.

Gesamtschuldnerschaft bedeutet, dass ein Gläubiger zwei Schuldner hat, hier beide Ehepartner, die er jeweils vollständig in Höhe der gesamten Schuld in Anspruch nehmen kann. Ein Gläubiger liebt Gesamtschuldner. Das Ausfallrisiko ist halbiert. Somit kann der Vermieter von jedem der Ehepartner nicht nur die Hälfte, sondern die komplette Miete verlangen. Egal ist, was die beiden Schuldner abgesprochen haben. Eine Abrede, dass jeder nur die Hälfte zahlt, wirkt nicht gegenüber dem Vermieter. Das ist eine Abrede, die nur euer Verhältnis betrifft, sogenanntes Innenverhältnis. So ist es zum Beispiel auch, wenn ihr einen Kreditvertrag bei der Bank unterschreibt. Von diesem allgemeinen Grundsatz – Eheleute vertreten sich nicht automatisch – existieren zwei Ausnahmen:

1. »Schlüsselgewalt«-Geschäfte zur Deckung des täglichen Lebens (§ 1357 BGB)
2. Ehegattennotvertretungsrecht (§ 1358 BGB)

Geschäfte zur Deckung des täglichen Lebens

Allein die Tatsache des »Verheiratetseins« legitimiert einen Ehegatten dazu, gewisse Geschäfte abzuschließen, durch die nicht nur er selbst, sondern zusätzlich auch der nicht selbst handelnde Ehegatte als Schuldner verpflichtet wird. Durch diese Vorschrift bekommt der Geschäftspartner einen zusätzlichen Schuldner, den er vollständig auf Zahlung in Anspruch nehmen kann. Die Besonderheit dieser Vorschrift besteht darin, dass es noch nicht einmal erforderlich ist, dass ein Ehepartner einen Vertrag für den anderen Ehepartner abschließen *will*. Auch muss dem potenziellen Geschäftspartner nicht gegenüber geäußert werden, dass der andere Ehepartner ebenfalls mit Vertragspartei werden soll. Es ist also egal, wenn es der Geschäftspartner nicht weiß.

Voraussetzung ist, dass es sich um ein »Geschäft zur angemessenen Deckung des Lebensbedarfs« handelt. Ob ein solches vorliegt, bestimmt sich immer anhand des individuellen Maßstabs und der Lebensweise der Eheleute/Familie. Entscheidend ist immer das äußere Erscheinungsbild des Lebensstandards. Es kommt nicht darauf an, was ihr euch tatsächlich leisten könnt und wie ihr euren Lebensstandard empfindet, sondern wie ihr nach außen hin lebt und welcher Eindruck bei einem außenstehenden Dritten entsteht. Da soll noch einmal jemand sagen, es ist egal, was andere denken ... Ergo: Lebt ihr nach außen erkennbar über eure Verhältnisse, erhöht sich euer Verpflichtungsspielraum.

Beispiel: Stell dir vor, ihr geht jeden Samstag Shoppen und du darfst dir wöchentlich etwas aussuchen, dein Mann zahlt. Das Ganze funktioniert in Wahrheit nur, weil ihr Konsumkredite habt. Gehst du an irgendeinem Samstag allein los, kaufst wie immer ein und sagst, dass dein Mann die Rechnung übernimmt – wie immer –, dann kann sich dein Mann hinterher nicht darauf berufen, dass er nicht Vertragspartner geworden ist, weil er sich in Wahrheit gar nichts leisten kann. Es kommt nicht darauf an, was ihr euch tatsächlich leisten könnt, sondern wie der Geschäftspartner eure finanzielle Lage wahrnimmt und wahrnehmen darf.

Diese Vorschrift, die auch als Schlüsselgewalt bezeichnet wird, will sicherstellen, dass Geschäfte oder Verträge die zum Alltag einer Familie gehören von einem Ehegatten abgeschlossen werden können. Erfasst werden zum Beispiel typischerweise: Lebensmittel, Drogerieartikel, Kleidungsstücke für die Familienmitglieder, notwendige ärztliche Behandlungen, Ausgaben für Kindererziehung, Spielzeug, Schulsachen, Anschaffung notwendiger Haushaltsgeräte wie Staubsauger, Beauftragung von Handwerkern für Reparaturen (auch zum Beispiel die Beauftragung eines Gutachters bei einem Wasserschaden) und der Abschluss von Strom-, Heiz- und Telefonverträgen.

Bedeutende Verträge können jedoch nicht ohne die Zustimmung des anderen Ehegatten abgeschlossen werden. Dadurch soll verhindert werden, dass der andere vor vollendete Tatsachen gestellt und rechtlich verpflichtet wird. Wenn es um wichtige gemeinsame Angelegenheiten geht, greift diese Ausnahme nicht. Bei folgenden Geschäften handelt es sich um solche bedeutende Verträge, also nicht um Geschäfte des täglichen Lebens: Kauf von Aktien, Anschaffung eines Haustieres (aber Beauftragung des Tierarztes). Nicht die Anschaffung eines Autos, die Beauftragung der Reparatur hingegen schon.

Was ist mit Urlaub? Wenn ein Ehegatte ausgehend von den individuellen ehelichen Lebensverhältnissen üblicherweise eine Reise selbstständig bucht, dann kann auch die Reise ein Geschäft zur Deckung des Lebensbedarfs sein. Bei kostspieligen Reisen gilt dies aber nicht. Durch die Verpflichtungsermächtigung wird der andere ebenfalls Vertragspartner. Beide Ehepartner sind jeweils berechtigt und verpflichtet. Die Eheleute haften als Gesamtschuldner.

WICHTIG

Sogenanntes zwingendes Recht …

- … gilt in allen Güterständen, kann nicht durch Ehevertrag ausgeschlossen oder beschränkt werden.
- … gilt nicht für Verlobte oder Lebensgefährten in nichtehelichen Lebensgemeinschaften.
- … gilt nicht mehr, wenn die Eheleute getrennt sind.

Ehegatten-Notvertretungsrecht

Die zweite Ausnahme ist das sogenannte Ehegattennotvertretungsrecht, das seit dem 01.01.2023 in Kraft ist. Das Ehegatten-Notvertretungsrecht gilt ausschließlich für den medizinischen Bereich und ist auf sechs Monate begrenzt. Es ermöglicht also in erster Linie ein sofortiges Handeln im eingetretenen Notfall, wenn ein Ehegatte wegen einer Krankheit oder einer eingetretenen Bewusstlosigkeit Angelegenheiten, die seine Gesundheitssorge betreffen, nicht regeln kann. Der Ehepartner kann in Untersuchungen des Gesundheitszustands, Heilbehandlungen oder auch ärztliche Eingriffe einwilligen oder diese untersagen.

Das Vertretungsrecht umfasst nur medizinisch notwendige Behandlungen oder Eingriffe. In der Regel geht es um Unfälle oder wenn aufgrund von Erkrankungen Operationen oder lebenserhaltende Maßnahmen erforderlich sind. Ihr seid verpflichtet, bei Ausübung dieses Rechts stets im Wohle und im Interesse eures Partners zu handeln und euch von seinem oder ihrem mutmaßlichen Willen leiten zu lassen.

Beispiel: Die Ehefrau fällt nach einem Unfall ins Koma und wird künstlich beatmet. Der Ehemann will mit der Sekretärin ein neues Leben beginnen und die lebenserhaltenden Geräte abschalten lassen. Der Arzt hat Zweifel, ob dies im Interesse der Ehefrau ist, und informiert das Betreuungsgericht. Die Betreuungsrichterin unterhält sich mit der Familie, dem Ehemann und den Ärzten. Daraufhin bestellt sie die Schwester als Betreuerin der Ehefrau. Der Ehemann darf seine Frau nicht mehr vertreten.

Wenn der Ehegatte das Vertretungsrecht nicht ausüben kann oder will, so wird ein rechtlicher Betreuer bestellt. Das Notvertretungsrecht erlischt automatisch, sobald der Patient wieder einwilligungs- und handlungsfähig ist.

Das Ehegatten-Notvertretungsrecht gilt ausschließlich für Ehegatten und eingetragene Lebenspartner. Es gilt nicht für Verlobte, nichteheliche Lebensgefährten und auch nicht für verfestigte Partnerschaften. Hol den Sekt raus: wieder ein Grund zum Heiraten! Wenn die Eheleute getrennt leben, gilt das Notvertretungsrecht ebenfalls nicht. Natürlich könnt ihr auch andere Personen bevollmächtigen – es muss nicht unbedingt der Ehepartner sein. Ihr könnt auch bestimmen, dass euer Ehepartner euch eben *nicht* vertreten darf (das könnt ihr ins Zentrale Vorsorgeregister bei der Bundesnotarkammer eintragen lassen).

Auf den ersten Blick klingt das Ehegatten-Notvertreungsrecht wie eine Revolution. Doch die aus sechs Absätzen bestehende Vorschrift, aus der sich insbesondere eine große Bürokratieerfordernis ergibt, ist nicht die Universallösung. Sorgt frühzeitig vor und sichert euch gegenseitig mit einer umfassenden Vorsorgevollmacht ab.

☆ MERKE

Das Ehegatten-Notvertretungsrecht

- ... gilt nicht für Verlobte, nichteheliche Lebensgefährten oder verfestigte Partnerschaften.
- ... gilt nicht mehr, wenn die Eheleute getrennt sind.

Eine Vorsorgevollmacht geht immer dem Ehegatten-Notvertretungsrecht vor. Vollmachten gelten grundsätzlich immer bis zum Widerruf fort.

Vorsorgevollmacht

In einer Vorsorgevollmacht entscheidest du, wer deine Angelegenheiten für dich klären soll, wenn du nicht mehr dazu in der Lage bist. Eine Vorsorgevollmacht sichert den Fall der Fälle ab. Unerwartete Ereignisse, wie Unfall oder schwere Krankheit, können uns alle treffen. Darum ist es für eine Vorsorgevollmacht nie zu früh.

Du entscheidest, wen du als Bevollmächtigten einsetzt. Du bist in der Personenauswahl völlig frei. Einzige Voraussetzung ist, dass du der Person vollkommen vertraust. Es kann also dein Ehe-/Partner, deine beste Freundin, die Anwältin deines Vertrauens oder deine Schwester sein. Wähle sorgfältig eine Person aus. Du kannst jederzeit die Vorsorgevollmacht widerrufen, wenn das Vertrauensverhältnis nicht mehr besteht. Du hast auch die Möglichkeit, einen sogenannten Hauptbevollmächtigten und einen Ersatzbevollmächtigten zu bestimmen.

Die Vorsorgevollmacht kannst du bei der Erstellung des Ehevertrags plus Testament in Angriff nehmen. In diesem Zusammenhang empfiehlt sich zusätzlich noch die Patientenverfügung, sowie für alle, die minderjährige Kinder haben, die Sorgerechtverfügung und eventuell die Sorgerechtsvollmacht. Denkt auch über eine Risikolebensversicherung zugunsten des anderen Ehepartners nach, damit dieser dann im Ernstfall – insbesondere das Immobiliendarlehen – zahlen kann.

WICHTIG

Vorsorgevollmachten sind für *alle* sinnvoll, egal ob verheiratet oder nicht!

ÜBRIGENS

Auch Verheiratete haben, genauso wie Verlobte, sowohl im Strafrecht als auch im Zivilrecht ein Zeugnisverweigerungsrecht. Das bedeutet, du musst nicht gegen deinen Ehepartner aussagen. Natürlich kannst du dich aber trotz Zeugnisverweigerungsrecht freiwillig dazu entscheiden, gegen deinen Ehepartner auszusagen. Auch Ex-Ehepartner haben ein Zeugnisverweigerungsrecht.

Haftungserleichterung

Was ist das Wichtigste in einer Familie? Genau, der Familienfrieden. Um den zu wahren, haften Eheleute untereinander privilegiert. Im Ehealltag haben die Eheleute ständig Einfluss aufeinander und dadurch ist die Wahrscheinlichkeit, dass es zu Schäden kommt, zwangsläufig erhöht. Insoweit ist es wichtig, dass nicht jede Unachtsamkeit sofort zu Haftungsansprüchen führt. Ehegatten müssen jeweils nur für die Sorgfalt einstehen, die sie in eigenen Angelegenheiten anzuwenden pflegen. Absichtliche Beschädigungen wie das Zerstören von Gegenständen aus Wut führen immer zur Haftung. Wenn dein Zukünftiger morgens mit deinem Rad zum Blumenladen fährt, um dir eine Freude zu machen, dein Fahrrad nicht abschließt und es geklaut wird, haftet er nicht, wenn er typischerweise sein Fahrrad sonst auch nicht abschließt. Ganz anders sieht es aus, wenn er sein Fahrrad immer und überall doppelt und dreifach sichert, deins aber nicht. Wenn dein Fahrrad dann geklaut wird, haftet er und er ist dir gegenüber zum Schadensersatz verpflichtet. Im Straßenverkehr gilt die Haftungserleichterung nicht, denn hier gelten für alle die gleichen Regeln.

Ehegattensplitting

Wieso wollen eigentlich immer so viele Paare im Dezember heiraten? Habt ihr euch das auch schon gefragt? Wer heiratet, gilt für das gesamte Jahr, in dem geheiratet wurde, als verheiratet. Ganz egal, ob am 1.1. oder am 31.12. eines Jahres geheiratet wird. Hintergrund ist, dass Verheiratete sich steuerlich zusammen veranlagen lassen können und ihr dadurch Steuern spart.

Verheiratete können zwischen der Einzelveranlagung und der Zusammenveranlagung wählen. Das Gesetz sieht automatisch für Verheiratete die Zusammenveranlagung vor, da die Zusammenveranlagung bei Einkommensdiskrepanz in der Regel steuerliche Vorteile bietet. Bei der Zusammenveranlagung wird eine gemeinsame Erklärung über die von beiden Ehegatten erzielten Einkünfte abgegeben. Der Splittingtarif kommt hier zur Anwendung. Durch Abgabe einer gemeinsamen Steuererklärung wird die Zusammenveranlagung gewählt. Auch bei Nichtabgabe einer Steuererklärung erfolgt die Zusammenveranlagung. Nur wer sich aktiv gegen eine Zusammenveranlagung ausspricht, wird einzeln veranlagt. Dies erfolgt durch Abgabe der eigenen Steuererklärung durch einen der Eheleute. Die Zusammenveranlagung hat gegenüber der Einzelveranlagung einen klaren Vorteil: Ihr zahlt insgesamt grundsätzlich weniger Steuern. Je höher der Gehaltsunterschied ist, desto höher die Ersparnis.

Welche Kombinationen der Steuerklassen gibt es?

Für Verheiratete, die zusammen veranlagt werden, gibt es folgende Kombinationen:

- Wer heiratet und nichts macht, landet automatisch in **Steuerklasse 4/4**. Keiner muss eine Steuererklärung abgeben. Die steuerlichen Vorteile machen sich allerdings erst durch Abgabe einer Steuererklärung bemerkbar. Schließlich kennt der Arbeitgeber nur das Einkommen des einen Partners. Vom sogenannten Splittingvorteil profitiert ihr erst, wenn ihr eine gemeinsame Steuererklärung abgebt. Die Kombi 4/4 lohnt sich grundsätzlich für Paare, die ein ähnliches Einkommen haben.
- Wer die **Steuerklassenkombination 3/5** wählt, ist verpflichtet, eine Steuererklärung abzugeben. Und: Der Wechsel in Steuerklasse 3 bzw. 5 muss beantragt werden. Diese Kombination der Steuerklassen lohnt sich immer dann, wenn der Gehaltsunterschied besonders hoch ist, wenn also einer der Eheleute besonders viel verdient und der andere weniger bis nichts. In Steuerklasse 3 sind die Steuervorteile am größten. Deswegen erhält diese der Besserverdiener. Der Schlechtverdiener bekommt Steuerklasse 5. Diese Steuerklassenkombi ist aber nur empfehlenswert, wenn *beide* Ehegatten das Verständnis haben, dass das Einkommen der Familie beiden gleichermaßen zusteht, der Steuervorteil also beiden zugutekommt.

Die Steuerklasse (4/4 oder 3/5) legt fest, wie hoch die Steuern sind, die ihr während des laufenden Jahres an das Finanzamt zahlt. Im klassischen Anstellungsverhältnis führt euer Arbeitgeber monatlich Lohnsteuer an das Finanzamt ab. Die Lohnsteuer ist die monatliche Vorauszahlung auf eure Einkommenssteuerzahllast. Die Höhe eurer Steuerlast variiert also in den Steuerklassen. Die Steuerklasse bestimmt somit, wie viel netto euch vom monatlichen Bruttogehalt übrig bleibt.

Unverheiratete sind automatisch in Steuerklasse 1. Hier ist die Steuerlast am größten. In Steuerklasse 1 bist du übrigens nicht verpflichtet, eine Steuererklärung abzugeben. Wählt ihr als Verheiratete weiterhin die Einzelveranlagung, profitiert ihr nicht vom Ehegattensplitting.

Welche Steuerklassenkombination ist für Verheiratete die beste?

Ihr spart Steuern, wenn ihr zusammen veranlagt seid. Es spielt dabei keine Rolle, ob ihr euch für Steuerklassenkombination 3/5 oder 4/4 entscheidet. Die Steuerersparnis ist letztlich dieselbe. Beide Kombinationen führen am Ende des Jahres zur selben Steuerlast. Die Steuerklasse bestimmt die monatlichen Vorauszahlungen über die Lohnsteuerabzüge. Die Frage ist also, ob ihr zusammen ein möglichst hohes Nettogehalt im Monat haben wollt, das wäre in Steuerklasse 3/5 der Fall. Dafür führt diese Kombination am Ende des Jahres oftmals zu einer Steuernachzahlung. Ihr könnt nur die monatliche Liquidität anpassen. Wollt ihr das, dann wählt Steuerklasse 3/5. Wollt ihr dagegen im Lauf des Jahres ungefähr das an Lohnsteuer zahlen, was eurer gesamten Steuerschuld des Jahres entspricht, wählt ihr 4/4.

☆ MERKE

Ob die Steuerklassenkombination 3/5 oder 4/4 günstiger ist, kann also nicht pauschal beantwortet werden. Man kann aber davon ausgehen, dass bei etwa gleich hohem Einkommen die Kombination 4/4 und einem Einkommensverhältnis ab 60:40 die Kombination 3/5 vorteilhafter ist.

Wie funktioniert das Ehegattensplitting bei 3/5?

Grundlage ist immer das zu versteuernde Jahreseinkommen. Die Einkünfte beider Ehepartner werden zusammengerechnet und werden anschließend hälftig geteilt. Auf diesen hälftigen Betrag wird dann die Steuer berechnet. Der Steuerbetrag wird sodann verdoppelt.

Beispiel (vereinfacht): Kinderloses Ehepaar
Er verdient 80.000 Euro, sie verdient 25.000 Euro.

EINZELVERANLAGUNG IN STEUERKLASSE 1		
	Er mit StK 1	Sie mit StK 1
Jahreseinkommen	80.000 €	25.000 €
Steuersatz	42 %	27 %
Steuer	33.600 €	6.750 €
Gesamte Steuerlast	40.350 €	

ZUSAMMENVERANLAGUNG MIT STEUERKLASSENKOMBINATION 3/5	
	Er+Sie
Gesamtes Jahreseinkommen	105.000 €
davon ½	52.500 €
Splittingtarif	28 %
Steuer auf ½	14.700 €
Steuer gesamt	29.400 €
Steuerersparnis im Vergleich zur Einzelveranlagung	10.950 €

Bitte beachtet, dieses Rechenbeispiel ist stark vereinfacht. Eure individuelle Steuer und damit auch die mögliche Ersparnis ist unter anderem davon abhängig, ob ihr Kirchensteuer zahlt, welche Freibeträge euch zustehen oder auch ob ihr Kinder habt etc.

Was bedeutet die Zusammenveranlagung für jeden Ehepartner individuell?

Da mit der Steuerklassenkombi 4/4 beide mehr oder weniger dasselbe Einkommen haben, ergibt sich hier für beide Eheleute jeweils eine ähnliche Steuerlast. Bei der Steuerklassenkombination 3/5 sieht das jedoch anders aus: Es ist unter den Verheirateten das am meisten verbreitete Modell, da die Zuverdiener-Ehe der meist gelebte Ehetyp in Deutschland ist. Aber aufgepasst: Es schlummern auch Risiken – gerade der schlechter Verdienende muss sich der Konsequenzen bewusst sein.

Die steuerlichen Unterschiede zwischen Steuerklasse 3 und 5 ergeben sich durch das Besteuerungsverfahren: Bei der Berechnung der Lohnsteuer in Steuerklasse 5 wird kein Grundfreibetrag anerkannt, in Steuerklasse 3 dagegen der doppelte. Das führt dazu, dass du in Steuerklasse 5 voll besteuert wirst, in Steuerklasse 3 bleibt aufgrund der Freibeträge mehr Geld zum Lebensunterhalt. In Summe betrachtet vorteilhaft – einzeln betrachtet führt das zu großen Nachteilen für diejenige in Steuerklasse 5. Frau verdient in Steuerklasse 5 eh schon weniger und muss dann auch noch überdurchschnittlich viel Steuern zahlen. Dadurch bleibt jeden Monat vom Bruttogehalt deutlich weniger netto übrig als vor der Ehe mit Steuerklasse 1. Beim Mann ist es genau umgekehrt. Er hat durch die Heirat monatlich mehr netto übrig.

Zusammen betrachtet ergibt sich durch die Zusammenveranlagung eine Steuerersparnis. In dem Rechenbeispiel von eben sind das im Jahr insgesamt 10.950 Euro Steuerersparnis im Vergleich zur getrennten

Veranlagung. Oftmals kommt es hier jedoch zu Steuernachzahlungen. Denn: Bei der Berechnung eures jeweiligen monatlichen Lohnsteuerabzug wird nur das eigene Einkommen berücksichtigt. Eure tatsächliche Steuerlast wird aber durch gemeinsame Besteuerung für das gesamte Jahr rückwirkend berechnet. Liegt eine mögliche Differenz zu eurer monatlich einbehaltenen Lohnsteuer vor, kann es zu Steuererstattungen oder aber auch zu Nachzahlungen kommen.

Über eins müsst ihr euch ebenfalls im Klaren sein. Nur *gemeinsam* habt ihr den Steuervorteil aus der Kombi 3/5. Einzeln betrachtet profitiert derjenige in Steuerklasse 3 am meisten. Wer viel verdient, spart viele Steuern. Derjenige in Steuerklasse 5 verdient weniger, trägt aber verhältnismäßig die meiste Steuerlast und ist damit finanziell deutlich benachteiligt. Entscheidend ist: Der Steuervorteil muss beiden zufließen!

Das niedrigere monatliche Nettoeinkommen in Steuerklasse 5 bringt außerdem weitere Nachteile mit sich:

- Bei eventuellem Bezug von Lohnersatzleistungen: Hierzu zählen z. B. das Krankengeld, Arbeitslosengeld 1 und Mutterschaftsgeld. Die Berechnung dieser Bezüge erfolgt immer auf Grundlage des Nettoeinkommens. Dieses ist in Steuerklasse 5 niedriger als in Steuerklasse 4.
- Dasselbe gilt bei der Ermittlung des Elterngeldes bzw. des Elterngeldes Plus. Hier werden die letzten zwölf Nettogehälter herangezogen, die in Steuerklasse 5 niedriger sind als in 4. Denkt also an einen frühzeitigen Wechsel der Steuerklassen.
- Wer weniger netto zur Verfügung hat, kann weniger sparen. Das hat Konsequenzen für die private Altersvorsorge.
- Mit weniger netto seid ihr weniger kreditwürdig. Ihr bekommt z. B. bei Banken kein Darlehen bzw. zu schlechteren Konditionen, da euch als Einzelperson weniger Geld zur Verfügung steht.

- Für Frau in Steuerklasse 5 kann es sich anfühlen, als ob Arbeiten sich nicht mehr lohnt, da am Monatsende netto kaum was übrig bleibt.
- Es existiert nach der Ehe rückwirkend kein Rechtsanspruch auf Rückzahlung des Betrags, wenn durch Steuerklasse 5 weniger auf dem Konto gelandet ist.

Was viele nicht wissen: Wenn du deine Steuerklasse, also von 5 auf 4 wechseln willst, musst du *nicht* deinen Ehepartner um Zustimmung bitten. Das kannst du allein entscheiden. Wer sich trennt, sollte sofort die für ihn günstigere Steuerklasse, meist 4, wählen.

Gut zu wissen: Wer in der Ehe zusammen veranlagt war, muss sich auch noch im Trennungsjahr zusammen veranlagen lassen. (Siehe hierzu »Pflicht zur Vermögensfürsorge«, Seite 45). Mit der Rechtskraft der Scheidung endet die Zusammenveranlagung. Verwitwete können das Splittingmodell noch (letztmalig) im Folgejahr nach Versterben des Ehepartners nutzen. Das nennt man das sogenannte Gnadensplitting.

☆ MERKE

- Die Zusammenveranlagung führt grds. zu einer Steuerersparnis.
- In Steuerklasse 3/5 spart der Besserverdiener in Steuerklasse 3 verhältnismäßig mehr Steuern. Der Schlechterverdienende in Steuerklasse 5 zahlt dagegen verhältnismäßig mehr Steuern.
- Der Steuervorteil sollte fair geteilt werden, sodass beide Ehepartner davon profitieren.

Die Ampelregierung plant zukünftig die Abschaffung der Lohnsteuerklassen 3 und 5. Dies geht aus dem Entwurf des zweiten Jahressteuergesetzes 2024 hervor. Eheleute sollen zukünftig, voraussichtlich ab 2030, nicht mehr die Steuerklassen 3 und 5 wählen können, sondern Steuerklasse 4 mit Faktorverfahren standardmäßig nutzen. Das Ehegattensplitting selbst soll nicht abgeschafft werden. Mit der Änderung soll es zukünftig nicht mehr möglich sein, dass das höhere Einkommen niedriger und das niedrigere Einkommen höher besteuert wird. Der Vorteil der niedrigeren Steuerlast unterm Jahr – also das zinsfreie Darlehen vom Finanzamt – soll es so nicht mehr geben. Durch die Abschaffung der Steuerklassen werden Familien mit unterschiedlich hohen Einkommen unterm Jahr weniger Netto vom Brutto zur Verfügung haben, auch wenn die Steuerlast die gleiche bleibt.

Versorgungsausgleich

Während der Ehe werden *alle* Rentenanwartschaften in einen Topf geworfen und wenn es zur Ehescheidung kommt, werden diese Rentenanwartschaften geteilt, sogenannte Realteilung. Hier wird wirklich 50 : 50 gemacht. Nicht geteilt werden die Rentenanwartschaften, die ihr bereits *vor* der Ehe hattet. Geteilt werden:

- Gesetzliche Altersvorsorge
- Betriebliche Altersvorsorge
- Private Altersvorsorge

Die Idee des Versorgungsausgleichs besteht darin, dass ein Ehepartner, der weniger oder gar nicht erwerbstätig ist, am Ende nicht ohne Rentenpunkte dastehen soll. Wer in der Ehe mehr arbeitet, kann folglich mehr Rentenpunkte erwirtschaften und bezieht dadurch mehr

Rente im Alter. Dieser Unterschied wird über den Versorgungsausgleich ausgeglichen. Am Ende der Ehezeit sollen beide Ehepartner gleich viele Rentenpunkte und keinen Nachteil durch die Rollenverteilung haben.

Der Versorgungsausgleich ist ein eigenes Verfahren (Verbundsache) und wird im Rahmen der Ehescheidung durch das zuständige Familiengericht grundsätzlich automatisch durchgeführt. Das Gericht holt bei den jeweiligen Versorgungsträgern die Auskünfte ein, also wer wie viele Rentenanwartschaften erworben hat, und entscheidet dann durch Beschluss, wie die Teilung erfolgt. Jeder muss die Hälfte von dem abgeben, was er in der Ehe erwirtschaftet hat. Hier erfolgt keine Barauszahlung, sondern es wird regelmäßig auf die jeweiligen Rentenkonten umgebucht. Maßgeblich für die Berechnung ist die Dauer der Ehezeit.

Wie berechnet sich die Ehezeit?

Beginn der Ehezeit: Monat der Hochzeit
Ende der Ehezeit: Monat vor Zustellung des Scheidungsantrags
Beispiel:
Eheschließung: 05.05.2010
Zustellung Scheidungsantrag: 13.12.2023
Ehezeit: 01.05.2010 bis 30.11.2023

Wann findet der Versorgungsausgleich nicht statt?

- In sogenannten Bagatellfällen: Bei Rentenanwartschaften, die geringwertig sind, muss das Familiengericht den Versorgungsausgleich nicht durchführen. Im Jahr 2024 liegt der Kapitalwert, bei dem nicht ausgeglichen werden muss, bei 4.242,00 Euro (neue Bundesländer). Dieser Wert ändert sich jährlich und ist auch für die neuen und alten Bundesländer unterschiedlich.

- Bei kurzer Ehedauer, in der Regel bei einer Ehe unter 3 Jahren. Hier findet der Versorgungsausgleich nur auf Antrag statt.
- Bei Ausschluss des Versorgungsausgleichs durch explizite Vereinbarung im Ehevertrag oder in der Scheidungsfolgenvereinbarung.

Was gilt in Bezug auf private Altersvorsorge?

Es wird immer über den Zugewinn oder den Versorgungsausgleich ausgeglichen, niemals doppelt. Bei den privaten Altersvorsorgen (Lebensversicherungen, private Rentenversicherungen oder Riester-Rente) ist danach zu differenzieren, ob ein Kapitalwahlrecht besteht. Das Kapitalwahlrecht ermöglicht, zum Zeitpunkt des Renteneintritts zwischen einer

- lebenslangen Rentenzahlung oder einer
- einmaligen Kapitalauszahlung

zu wählen. Sofern ein Kapitalwahlrecht besteht und ausgeübt wurde, wird die Anwartschaft / das Anrecht nicht im Rahmen des Versorgungsausgleichs berücksichtigt, sondern im Zugewinn (Was Zugewinn ist, lernen wir später noch). Ist das Kapitalwahlrecht ausgeübt, also entschieden, dass eine einmalige Kapitalzahlung fließen soll, dann ist es ein Vermögenswert und kein Vorsorgeanrecht. Rentenversicherungen mit einem Kapitalwahlrecht können in Scheidungen zu komplexen Situationen führen. Es besteht nämlich die Gefahr, dass die Ausübung des Kapitalwahlrechts – legal! – zu einem Zeitpunkt erfolgt, der bewirken würde, dass letztlich die Rentenversicherung weder in den Zugewinn noch in den Versorgungsausgleich fällt. Das kann durch einen Ehevertrag vermieden werden. Private Vorsorge in Form von Immobilien oder Aktiendepots fallen in den Zugewinn. Was zum Versorgungsausgleich und was in den Zugewinn fällt, habe ich in der nachfolgenden Übersicht beispielhaft aufgeführt.

VERSORGUNGS-AUSGLEICH	Gesetzliche Rentenversicherung (DRV) / Knappschaft
	Zusatzversorgung des öffentlichen Dienstes (VBL) / Zusatzversorgung der Kirchen (KZVK)
	Beamtliche Versorgung
	Berufsständische Versorgungen (Versorgungswerk der Rechtsanwälte, Ärzte oder Architekten und andere Freiberufler)
	Betriebliche Altersvorsorge (Betriebsrente, Direktversorgung), Arbeitgeber-Direktversicherungen[33] fallen mit rein, auch wenn diese Kapitallebensversicherungen sind.
	Private Altersvorsorgen ohne Kapitalwahlrecht, Riesterrente/Rürup-Rente[34]
	Invalidenversorgungen
ZUGEWINN	Rentenversicherungen mit ausgeübtem Kapitalwahlrecht, Kapitallebensversicherung, Aktiendepots, Immobilien

Der Versorgungsausgleich gleicht die in der Ehe entstandenen Nachteile aus. Generell ist aber immer daran zu denken, dass wenn nur einer erwerbstätig ist und Rente erwirtschaftet, auch in den Fällen, in denen es nicht zur Scheidung kommt, die Rente der regelmäßig überlebenden Frau nicht ausreicht. Frauen haben eine deutlich höhere Lebenserwartung.

Der Versorgungsausgleich umfasst nur die Ehezeit. Vom Versorgungsausgleich nicht berücksichtigt ist, dass auch nach der Ehezeit der Ehepartner, der die Betreuung der Kinder überwiegend übernommen hat und nur Teilzeit arbeiten war, auch fortlaufend Nachteile hat.

Zur Kompensation dieser Nachteile und um auch nach der Scheidung noch für das Alter vorsorgen zu können, existiert ein Anspruch auf Altersvorsorgeunterhalt (ab dem 1. des Monats der Zustellung des Scheidungsantrags). Dieser ist ein Teil des Ehegattenunterhaltsanspruchs. Der Unterhaltsberechtigte erhält zu seinem Unterhalt noch Zahlungen, die für die Altersvorsorge verwendet werden müssen. Welche Art der Altersvorsorge du wählst, bleibt dir überlassen, du darfst es aber nicht für den allgemeinen Lebensunterhalt ausgeben.

WICHTIG

- Die Erziehungszeiten für jedes Kind können in der gesetzlichen Rentenversicherung angerechnet werden.[35]
- Denk bitte daran, dass du dich, wenn du mehr Care-Leistung übernimmst, insbesondere auf die Rente absichern lässt.
- Verheiratete bekommen beim Tod des Ehepartners eine Witwenrente, wobei Voraussetzung ist, dass ihr verheiratet seid. Dir stehen 55 Prozent der Rente zu, die dein Ehepartner erhalten hätte.[36]

DIE GÜTERSTÄNDE

IST SEINS AUCH DEINS?

Welche Güterstände gibt es?

Das eheliche Güterrecht klärt die Frage, wem das erworbene Vermögen während der Ehe gehört und ob beziehungsweise wie dieses nach der Ehe verteilt wird. Natürlich möchte keiner vor der Eheschließung an Scheidung denken. Du musst dir trotzdem darüber im Klaren sein, dass die Güterstände Konsequenzen für die Auseinandersetzung nach der Ehe haben. Ob du willst oder nicht.

Das Gesetz kennt vier Güterstände:

1. Die Zugewinngemeinschaft
2. Die Gütertrennung
3. Die Gütergemeinschaft
4. Die Wahl-Zugewinngemeinschaft (oder auch Deutsch-Französische Wahl-Zugewinngemeinschaft)

Die Zugewinngemeinschaft ist der gesetzliche Güterstand. In diesem lebt ihr automatisch, sobald ihr euch das Ja-Wort gegeben habt. Die weiteren Güterstände sind sogenannte Wahlgüterstände. Wollt ihr diese, müsst ihr aktiv werden und euch beide zusammen bewusst für diese entscheiden. Und zwar mit einem Ehevertrag. Die Wahlgüterstände könnt ihr nur durch einen Ehevertrag beim Notar vereinbaren.

1. **Die Zugewinngemeinschaft (§ 1363 ff. BGB) → gesetzlicher Güterstand**
   - Kein gemeinsames Vermögen: Deins bleibt Deins und Seins bleibt Seins.
   - Jeder verwaltet sein Vermögen selbst.
   - Am Ende findet ein Zugewinnausgleich statt, in dem der Vermögenszuwachs während der Ehe zwischen euch ausgeglichen wird.

2. **Die Gütertrennung (§ 1414 BGB) → Ehevertrag**
   - Vollständige Trennung des Vermögens.
   - Jeder verwaltet sein Vermögen selbst.
   - Keine Vermögensaufteilung im Fall einer Scheidung.

3. **Die Gütergemeinschaft (§§ 1415 ff. BGB) → Ehevertrag**
   - Die Gütergemeinschaft hat nahezu keine Praxisrelevanz.
   - Das gesamte Vermögen der Ehepartner wird zu gemeinschaftlichem Vermögen, sowohl das, was mit in die Ehe gebracht wird, als auch das, was in der Ehe erworben wird = Gesamtgut.
   - Es existiert noch Sondergut und Vorbehaltsgut.
   - Im Scheidungsfall wird das Vermögen geteilt. Hier muss wirklich 50 : 50 gemacht werden, was in der Praxis fast nicht möglich ist.

4. **Die Wahl-Zugewinngemeinschaft (oder auch Deutsch-Französische Wahl-Zugewinngemeinschaft) (§ 1519 BGB) → Ehevertrag**
   Die Deutsch-Französische Wahl-Zugewinngemeinschaft hat keinerlei Praxisrelevanz.

Generell könnt ihr durch einen Ehevertrag alle Güterstände individualisieren und an eure eigene vermögensrechtliche Situation anpassen. Gerade die Zugewinngemeinschaft wird in der Praxis häufig angepasst zur sogenannten modifizierten Zugewinngemeinschaft. Jeder Güterstand hat seine eigenen Vor- und Nachteile, die bei der Wahl berücksichtigt werden sollten. Die meisten Eheleute leben im gesetzlichen Güterstand der Zugewinngemeinschaft. Wenn ein Ehevertrag geschlossen wird, sind die (modifizierte) Zugewinngemeinschaft und die Gütertrennung gängige Praxis. Darum werde ich euch diese Güterstände im Folgenden näher erläutern. Auf die Modifizierungsmöglichkeiten der Zugewinngemeinschaft werden wir im Kapitel »Der Ehevertrag« (→ ab Seite 193) näher eingehen.

Zugewinngemeinschaft – eine echte Gemeinschaft?

Ohne individuellen Ehevertrag lebt ihr automatisch vom Tag der standesamtlichen Hochzeit im gesetzlichen Güterstand der Zugewinngemeinschaft. Der Begriff Gemeinschaft ist ein wenig irreführend, denn die goldene Regel in der Zugewinngemeinschaft lautet:

»MEINS BLEIBT MEINS UND DEINS BLEIBT DEINS.«

Im Juristendeutsch heißt das: Die Vermögensmassen bleiben vollständig getrennt. Was dir vor der Hochzeit gehört hat, gehört dir auch noch nach der Hochzeit. Durch die Heirat entsteht kein gemeinsames Vermögen der Eheleute. Insbesondere wird durch die Hochzeit kein Miteigentum an den jeweils anderen Vermögensgegenständen des Ehepartners begründet. Vom Vermögen (Vermögensgegenstände) sind die Haushaltsgegenstände, oder auch bekannt als der Hausrat, zu unterscheiden. Diese Abgrenzung ist wichtig, da im Rahmen einer Trennung/Scheidung Haushaltsgegenstände und Vermögensgegenstände rechtlich unterschiedlich bewertet werden. Vermögensgegenstände unterliegen dem Zugewinnausgleich. Das heißt, es bleibt *sein* Porsche, ein möglicher Zugewinn muss er dir in Geld zahlen. Haushaltsgegenstände dagegen unterliegen nicht dem Zugewinn. Diese werden am Ende unter den Eheleuten aufgeteilt. Es gilt: Du kannst die PlayStation haben, dafür bekomme ich den Thermomix. Gerade hier liegt nicht selten ordentlich Zündholz in der Luft. Mehr zu den Haushaltsgegenständen im Kapitel »Das Problem der Zugewinngemeinschaft« (→ ab Seite 129).

Wie sieht es generell bei Schulden aus? Werden auch Schulden strikt getrennt behandelt? Ja. Eheleute haften auch nicht automatisch durch die Heirat für die Schulden des Partners. Etwas anderes gilt natürlich, wenn ihr beide gemeinsame Schulden macht oder gemacht habt, zum Beispiel wenn ihr zusammen einen Kredit mit eurem Partner aufnehmt. Denkt hier bitte immer daran, dass ihr als Gesamtschuldner haftet, also für die gesamten Schulden.

Exkurs: Doch nicht meins?

Im Gesetz existiert ein Paragraf,[37] der es dem Gerichtsvollzieher ermöglicht, *deine* Sachen – sofern beweglich – grundsätzlich zu pfänden, obwohl dein Ehemann der Forderungsschuldner ist. Dein Mann also einer anderen Person Geld schuldet. Das Gesetz enthält eine sogenannte Eigentumsvermutung. Das bedeutet, dass die im Besitz eines oder beider Ehegatten befindlichen beweglichen Sachen immer dem schuldenden Ehegatten gehören. Der Gläubiger soll somit davor geschützt werden, dass die Ehegatten ein gemeinsames Spiel spielen und behaupten, der zu pfändende Gegenstand gehöre immer dem Nicht-Schuldner. Diese Vermutung kann zwar auch widerlegt werden, allerdings nicht während der Pfändung, sondern in einem anschließend zu führenden gerichtlichen Verfahren. Nicht gepfändet werden dürfen Sachen, die ausschließlich zum persönlichen Gebrauch eines Ehegatten bestimmt sind, wie zum Beispiel Arbeitsgeräte (Laptop und Handy), oder auch Kleidungsstücke. Auch dein Ehering ist unpfändbar. Aber Achtung: Bei Damenschmuck kann nicht generell davon ausgegangen werden, dass er – außer der Ehering – dir gehört. Achtung: Der Verlobungsring ist pfändbar.

Auch alles das, was ihr in der Ehe erwirtschaftet, folgt dem Grundsatz, dass die Vermögensmassen getrennt bleiben. Das, was du in der Ehe verdienst, was du an Vermögen aufbaust, das gehört auch in der Ehe dir allein. Du kannst damit (fast) alles machen, was du willst. Dein verdientes Geld ist dein Geld und nicht das gemeinsame Geld der Eheleute. Jeder kann darüber frei verfügen und es ausgeben, wofür er möchte. Der andere kann nur mit einer entsprechenden Vollmacht – und bei den Geschäften zur Deckung des täglichen Lebens, ihr erinnert euch – über das Vermögen seines Ehepartners verfügen. Es existiert auch keine Pflicht, dass ein Ehegatte sein Vermögen so zu verwalten hat, dass am Ende möglichst viel übrig bleibt. Du kannst also auch verschwenderisch leben. Dein Geld, deine Entscheidung!

WICHTIG

- Ihr heiratet und es bleibt *dein* Porsche und *seine* Schulden.
- Im Rahmen der Zugewinngemeinschaft gilt der Grundsatz: Jeder Ehegatte verwaltet sein Vermögen selbst.

Darf ich alles mit meinem Vermögen machen?

Alles gehört weiterhin dir, du verwaltest dein Vermögen selbst und kannst grundsätzlich auch alles damit machen. Von diesem Grundsatz bestehen zwei Ausnahmen:

1. Keine Verfügung über Vermögen im Ganzen

Über das Vermögen im Ganzen darf nicht verfügt werden. Diese Vorschrift hat insbesondere den Zweck, dass die eheliche Lebensgrundlage erhalten bleiben soll. Außerdem soll der andere Ehepartner davor geschützt werden, dass am Ende der Ehe kein Vermögen mehr da ist, sodass er um seinen Zugewinnausgleichsanspruch geprellt werden würde. Bei dieser Vorschrift handelt es sich um ein sogenanntes absolutes Verfügungsverbot. Das hat zur Folge, dass euer Gatte nur mit eurer Einwilligung über sein ganzes Vermögen verfügen darf.

»Verfügen« meint veräußern, verschenken oder sonst wie rechtlich an einen anderen übertragen. Der Fall, dass jemand hergehen wird und sein gesamtes Hab und Gut auf einmal verkaufen wird, wird wohl eher die Ausnahme sein. Viel realistischer und in der Praxis gängiger ist, dass jemand einen einzelnen Vermögensgegenstand verkauft, der quasi das gesamte Vermögen darstellt. Unter ganzes Vermögen werden auch einzelne oder mehrere Gegenstände, die in ihrer Gesamtheit »nahezu« das gesamte Vermögen ausmachen, erfasst. Von dem »nahezu« ganzen Vermögen wird immer dann gesprochen, wenn ein Gegenstand mehr als 85 Prozent (bei Vermögen bis 250.000 Euro)[38] oder 90 Prozent (bei »größerem Vermögen« größer als 250.000 Euro)[39] des gesamten vorhandenen Aktivvermögens einer Person ausmacht. Hierzu kann zum Beispiel eine Immobilie zählen, die dem Ehegatten gehört. Weitere Voraussetzung ist, dass der potenzielle Geschäftspartner positiv weiß beziehungsweise aufgrund der Umstände wissen könnte, dass es sich um ein Geschäft über das »nahezu ganze« Vermögen handelt. Veräußert dann dein Ehemann seine Immobilie ohne deine Zustimmung, so ist dieser Vertrag dann unwirksam.

2. Keine Verfügung über Haushaltsgegenstände

Auch darf ein Ehepartner nicht über Haushaltsgegenstände verfügen. Diese Vorschrift verfolgt vor allem den Zweck, dass die eheliche Lebensgrundlage erhalten und gesichert werden soll. Du darfst deinen Grill nicht ohne Zustimmung des Grillmeisters verkaufen.

Beide Verfügungsbeschränkungen können durch einen Ehevertrag ausgeschlossen werden.

Zugewinngemeinschaft auf einen Blick

- Gesetzlicher Güterstand
- Durch Heirat entsteht kein gemeinsames Vermögen, kein gemeinsames Eigentum und keine gemeinsamen Schulden.
- Alles, was in der Ehe erwirtschaftet wird, gehört nicht automatisch den Eheleuten gemeinsam.
- Die Vermögensmassen bleiben getrennt: »Meins bleibt meins und deins bleibt deins« gilt nicht, wenn die Eheleute gemeinsam Eigentum erwerben oder gemeinsam Schulden machen.
- Durch die Heirat haftet man nicht automatisch für den Ehepartner mit.
- Zugunsten eines Gläubigers wird bei der Zwangsvollstreckung vermutet, dass ein Vermögensgegenstand dem schuldenden Ehegatten gehört.
- Haushaltsgegenstände werden unter den Eheleuten geteilt.
- Selbstständige Vermögensverwaltung, Grundsatz: Jeder kann in der Ehe mit seinem Vermögen (fast) alles machen.
- Ausnahme 1: Verfügung über Vermögen im Ganzen
- Ausnahme 2: Verfügung über Haushaltsgegenstände
- Ausnahmen können ehevertraglich ausgeschlossen werden.
- Nach Beendigung der Ehe gibt es einen Zugewinnausgleichsanspruch.

Zugewinnausgleichsanspruch

Welche Folgen ergeben sich aus dem Güterstand der Zugewinngemeinschaft für die Zeit *nach* der Ehe? Nach der Ehe gibt es den sogenannten Zugewinnausgleichsanspruch. Mit Beendigung des gesetzlichen Güterstands entsteht der Anspruch auf den Zugewinnausgleich. Der Güterstand der Zugewinngemeinschaft kann insbesondere beendet werden durch:

- Zugewinnausgleichsanspruch im Todesfall
- Rechtskräftige Scheidung oder
- Ehevertrag (wenn die Eheleute die Gütertrennung vereinbaren)

Der Zugewinnausgleichsanspruch ist Ausprägung des Halbteilungsgrundsatzes und sorgt dafür, dass am Ende der Ehe – jedenfalls in der Theorie – beide Ehepartner in vermögensrechtlicher Hinsicht gleich aus der Ehe gehen. Haushaltsgegenstände werden nicht im Zugewinnausgleichsanspruch mitberücksichtigt. Dazu später mehr.

Zugewinnausgleichsanspruch bei einer Scheidung

Im Fall einer Scheidung kommt es nicht, so wie oft angenommen, dazu, dass einzelne Vermögensgegenstände unter den Ehegatten aufgeteilt werden. Es wird nicht 50 : 50 gemacht, denn das würde bedeuten, dass jeder vom anderen etwas fordern kann. Genau das ist der Zugewinnausgleichsanspruch aber nicht.

Am Ende der Ehe hat immer nur (wenn überhaupt) ein Ehepartner einen Zugewinnausgleichsanspruch, und zwar derjenige, dessen Vermögenszuwachs (Zugewinn) geringer war als der des anderen Ehegatten. Ich vergleiche also den jeweiligen Vermögenszuwachs (Zugewinn) der Ehepartner miteinander.

☆ MERKE

Der, der in der Ehe mehr erwirtschaftet hat, muss den Vermögensunterschied zur Hälfte ausgleichen.

Der Zugewinnausgleichsanspruch ist ein **reiner Geldanspruch**. Es findet ein Wertausgleich in Geld statt. Du kannst also regelmäßig nicht verlangen, dass dir bestimmte Vermögensgegenstände zum Eigentum übertragen werden. Vereinfacht gesagt: Wenn dein Partner zwei Porsche besitzt, bekommst du am Ende der Ehe nicht einen Porsche übertragen. Du hast einen Anspruch auf Geld in Höhe von der Hälfte des Wertes der beiden Porsche. Gut, wenn es Oldtimer waren …

Der Anspruch auf Ausgleich in Geld kann positiv oder eben auch negativ sein. Wenn der Ex das ganze Geld in seine Porschesammlung gesteckt hat und über kein Barvermögen verfügt, müssen die Autos eben verkauft und zu Geld gemacht werden. Das kann dazu führen, dass auch zu einem wirtschaftlich schlechten Zeitpunkt verkauft werden muss, und die Porsche unter Wert verkauft werden, um den Geldanspruch befriedigen zu können.

Wie wird der Zugewinnausgleichsanspruch berechnet?

1. Bestimmung des Anfangsvermögens von Ehepartner 1 und 2
2. Bestimmung des Endvermögens von Ehepartner 1 und 2
3. Ermittlung des Zugewinns von Ehepartner 1
4. Ermittlung des Zugewinns von Ehepartner 2
5. Berechnung des Zugewinnausgleichsanspruchs: Vergleich der jeweiligen Zugewinne

Die Höhe des Anfangs- und Endvermögens ist Dreh- und Angelpunkt für die Berechnung des Zugewinns. Es gilt das sogenannte Stichtagsprinzip, das heißt, es folgt eine Berechnung strikt nach Schema F. (Das kann auch sehr ungerecht sein.) Es wird geschaut, was jeweils an zwei bestimmten Stichtagen,

1. Tag der standesamtlichen Hochzeit (Anfangsvermögen),
2. Tag der Zustellung des Scheidungsantrags (Endvermögen),

jeweils da gewesen ist. Das heißt im Klartext: Hast du einen Gewinn aus einem Aktienverkauf einen Tag vor Eheschließung gemacht, wird dieser zu deinem Anfangsvermögen gerechnet. Dein Zugewinn fällt somit geringer aus. Verkaufst du die Aktien eine Woche später, also nach der Hochzeit, so wird der Gewinn aus dem Aktienverkauf zu deinem Endvermögen gerechnet. Dieser Gewinn ist somit ausgleichspflichtig im Rahmen des Zugewinns.

☆ MERKE

Der Zugewinn ist der Betrag, um den das Endvermögen eines Ehepartners sein Anfangsvermögen übersteigt. Es gilt: Je höher das Anfangsvermögen, desto niedriger der Zugewinn und damit auch ein möglicher Zugewinnausgleichsanspruch des anderen.

Die Ermittlung und auch die Bewertung des Anfangs- und des Endvermögens können sehr komplex werden. Die Bewertungsmaßstäbe für die einzelnen Vermögensgegenstände und Schulden liefern großes Streitpotenzial. Zeitwert, Verkehrswert, Wiederbeschaffungswert und auch der Inflationsausgleich sind jeweils mitzuberücksichtigen.

Dazu kommt, dass gerade bei der Bewertung von Immobilien und Unternehmen auch immer Ermessensspielräume bestehen. Sich auf einen Wert zu einigen im Fall einer Scheidung, kann äußerst schwierig werden.[40] Auch wenn die Scheidung einvernehmlich ist und man als Freunde auseinandergehen will, erleben wir Anwälte es immer wieder: Bei Geld hört die Freundschaft auf!

Keiner der ehemaligen Ehepartner will dem anderen freiwillig mehr als nötig zahlen. Viele machen sich erst Gedanken um ihr Anfangs- und Endvermögen, wenn es zu spät ist. Der Partner spricht plötzlich die Trennung aus. Während über dem einen die ganze Welt zusammenzubrechen droht, wochen- oder monatelang ins Kissen geheult wird und alles um einen herum ignoriert wird, bringt währenddessen der andere seine Schäfchen ins Trockene und schafft leise, still und heimlich sein Vermögen zur Seite. Durch das Stichtagsprinzip besteht die Gefahr, dass es zu Manipulationen kommen kann, indem besonders günstige bzw. besonders ungünstige Zeitpunkte bei der Scheidung ausgesucht werden. Stichtag für das Endvermögen ist die Zustellung des Scheidungsantrags. Wer ein bisschen Ahnung hat und über ein gut gefülltes Depot verfügt, der wird wohl genau wissen, wann ein guter beziehungsweise kein guter Zeitpunkt ist, die Scheidung einzureichen.

Ermittlung des Anfangsvermögens

Zum Anfangsvermögen gehört alles das, was dir am Tag der Eheschließung gehört. Dazu zählen zum Beispiel deine Konten und Sparpläne, Immobilien, Autos, Schmuck, Uhren, deine Unternehmen, aber auch deine Schulden. Falls du also einen Kredit aufgenommen hast und diesen abbezahlen musst, mindert dieser dein Anfangsvermögen. Es gilt: Ein hohes Anfangsvermögen minimiert den eigenen Zugewinn. Dein Ziel ist immer: ein hohes Anfangsvermögen.

Wer sich auf ein Anfangsvermögen beruft, der muss beweisen, dass dieses auch am Tag der standesamtlichen Hochzeit existierte, und zwar mit Belegen, wie zum Beispiel durch Rechnungen. Im Rahmen einer Scheidung kann von dem Ex gefordert werden, dass er sein behauptetes Anfangsvermögen nachweist. Kann er das nicht, wird vermutet, dass nichts da gewesen ist. Das Anfangsvermögen wird mit Null angesetzt.

In einem Vermögensverzeichnis könnt ihr festhalten, was ihr jeweils zum Zeitpunkt der Hochzeit habt. Das ist fair und beugt einer Schlammschlacht vor. Existiert ein solches Verzeichnis, dann wird im Verhältnis der Eheleute vermutet, dass es richtig ist. Bis das Gegenteil bewiesen wird.

WICHTIG

Verbindlichkeiten/Schulden werden im Anfangsvermögen mitberücksichtigt und spielen eine entscheidende Rolle: Sie können dazu führen, dass das Anfangsvermögen negativ ist.[41] Das kann dann zu folgendem Ergebnis führen: Wer am Anfang der Ehe mit 500.000 Euro Schulden in die Ehe startet und am Ende der Ehe die Schulden »nur« abgebaut hat, der hat einen Zugewinn von 500.000 Euro erwirtschaftet, obwohl das Konto bei Null steht. Habt ihr Schulden, die ihr in die Ehe mitbringt, solltet ihr im Vorfeld regeln, was mit den Schulden, zum Beispiel einem Studentenkredit, Kreditkartenschulden oder sonstige Verbraucherdarlehen, passiert beziehungsweise wie diese zu berücksichtigen sind.

Privilegiertes Vermögen

Dem Anfangsvermögen ist das sogenannte privilegierte Vermögen mit zuzurechnen. Es wird insoweit das strenge Stichtagprinzip durchbrochen. Privilegiertes Vermögen wird, unabhängig vom Zeitpunkt des Erwerbs, dem Anfangsvermögen des Empfängers nach Abzug etwaiger Verbindlichkeiten[42] hinzugerechnet. Das privilegierte Anfangsvermögen ist für den eigenen Zugewinn somit neutral. Die Wertsteigerungen, also der Mehrwert des privilegierten Vermögens während der Ehe, haben hingegen Auswirkungen auf den Zugewinn und sind ausgleichspflichtig.

Zum privilegierten Vermögen zählen vor allem Schenkungen und Erbschaften von Dritten (Dritte = alle, außer der andere Ehegatte). Egal zu welchem Zeitpunkt du erbst, das Erbe hat keine Auswirkungen auf deinen Zugewinn. Nur die Wertsteigerung des Erbes wird berücksichtigt.

Beispiel: Du erbst 1 Million Euro. Diese 1 Million Euro wird deinem Anfangsvermögen zugerechnet. Durch deine schlauen Investitionen steigt der Betrag auf 2 Millionen Euro am Ende der Ehe. Du hast also einen Zugewinn – vorher hattest du nichts – in Höhe von 1 Million Euro, der im Zugewinnausgleich mitzuberücksichtigen ist. Neben den Erbschaften und Schenkungen existiert noch weiteres privilegiertes Vermögen, das nicht in den Zugewinn fällt.

PRIVILEGIERTES VERMÖGEN, *FÄLLT NICHT* IN DIE ZUGEWINNAUSGLEICHS-BERECHNUNG	**NICHT PRIVILEGIERTES VERMÖGEN, *FÄLLT* IN DIE ZUGEWINNAUSGLEICHS-BERECHNUNG**
Schenkungen[43] von Dritten	Schenkungen oder sonstige Zuwendungen unter Ehegatten (hierzu gleich mehr)
Ausstattung von Dritten	Schadensersatzansprüche
Erbschaften, Vermächtnis, Pflichtteil, Erbersatzanspruch, Nacherbschaft	Schmerzensgeldansprüche[44]
Bezugsberechtigung aus Lebensversicherung im Todesfall	Lottogewinne[45]

Ermittlung des Endvermögens

Die Berechnung des Endvermögens entspricht der des Anfangsvermögens. Wenn ein Gegenstand bereits zum Tag der standesamtlichen Hochzeit vorhanden war und heute noch existiert, wird dieser entsprechend mit aufgenommen, und zwar mit dem Wert, den er zum Stichtag Zustellung des Scheidungsantrags hat. Also werden die Wertsteigerungen und Wertverluste eines Vermögensgegenstands im Zugewinnausgleich mitberücksichtigt.

Anders als beim Anfangsvermögen wird beim Endvermögen ein möglichst niedriger Wert angestrebt. Hier greift Mann auch gern mal in die Trickkiste. Ihr glaubt gar nicht, wie schnell und effizient Vermögenswerte ganz plötzlich verschwinden können. Hex, Hex, und das Aktiendepot ist weg. Auch Immobilien sind immer nur ganz wenig wert, wenn es um die Bewertung geht. Verbindlichkeiten spielen ebenfalls eine wichtige Rolle. Das Endvermögen kann nämlich auch negativ sein. Da lohnt es sich doch gleich, noch schnell einen Kredit für ein neues Auto aufzunehmen. Nach der Trennung – meistens auch schon vorher, dazu gleich mehr – beginnt dann das Spiel, wie minimiere ich mein Hab und Gut?

Die Ermittlung von Werten und Wertsteigerungen/Wertminderungen des Vermögens ist komplex. Hierbei kommt es darauf an, um welche Vermögensgegenstände es sich handelt. Bei Bargeld ist die Sache eindeutig. Schwieriger wird es zum Beispiel bei Immobilien und Unternehmen. Hier wird in der Regel auf Gutachter zurückgegriffen, die den Wert ermitteln. In der Praxis führt dies regelmäßig zum Streit. Während der eine einen möglichst hohen Wert ermitteln möchte, will der andere das genaue Gegenteil. Unter Umständen führt das zu jahrelangen Rechtsstreits, die nicht nur Geld, sondern auch Nerven kosten. Der finanziell Bessergestellte kann das Verfahren in die Länge ziehen. Also eine Art Zermürbungstaktik. Irgendwann gibt die Ex schon auf – aus Geldnot oder Erschöpfung. Solange ihr euch streitet und der Zugewinn nicht feststeht, wird folglich auch kein Zugewinnausgleich gezahlt.

Ich weiß, keiner von euch würde seinem Liebsten jemals unterstellen, dass er sich ungerecht bereichern würde beziehungsweise Vermögen zur Seite schaffen würde. Aber eine Scheidung ruft leider nicht das Beste in einem Menschen hervor. Denke daran: Du heiratest niemals den gleichen Menschen, von dem du dich scheiden lässt!

Schulden eignen sich hervorragend zur Minimierung des Endvermögens und sind von daher auch sehr beliebt. Wichtig bei Schulden ist, dass es nicht darauf ankommt, ob sie am Stichtag fällig waren. Es zählt allein, ob sie bereits zu den jeweiligen Stichtagen auch entstanden waren. Hier liegt auch der Grund, warum Eheleute gern in der Trennungszeit Darlehen oder sonstige Verbindlichkeiten aufnehmen, um weitere Passiva in ihrem Bestand zu haben. Das führt dazu, dass das Endvermögen reduziert wird und folglich der eigene Zugewinn geringer ausfällt.

Illoyale Vermögensverschiebungen

Hervorragend funktioniert die Minimierung des Endvermögens mit Vermögensverschiebung. Um am Ende bloß nichts abgeben zu müssen, kommt es im Rahmen einer Scheidung immer wieder dazu, dass ein Ehepartner versucht, Vermögen im Trennungsjahr zur Seite zu schaffen. Ihr wisst gar nicht, was hier für kreative Energien freigesetzt werden. Hex, Hex, und plötzlich ist Man(n) so arm wie eine Kirchenmaus. Aber das Gesetz will natürlich Gerechtigkeit, und so existiert der entsprechende Rückhexspruch.[46]

Vermögensminderungen können vielleicht nicht immer rückgängig gemacht werden, aber: Dann wird ebenso getan, als wenn das Vermögen noch da wäre. Dies erfolgt durch eine fiktive Zurechnung. Und zwar immer dann, wenn Vermögen verschwendet, weggenommen oder verschenkt wird, mit der Absicht, den anderen zu benachteiligen. Dann sprechen wir von illoyalen Vermögensverschiebungen. Gerade bei der Verschwendung kommt es in der Praxis regelmäßig zu konträren Empfindungen. Auf der einen Seite gilt der Grundsatz, dass jeder mit seinem Vermögen machen kann, was er will. Auf der anderen Seite ist die Ehe beziehungsweise das Ende der Ehe vom Zugewinnausgleich geprägt, sodass dieser Anspruch auch geschützt werden muss. Allerdings sind nicht alle Vermögensverschiebungen illoyal.

Allein die Tatsache, dass ein Ehepartner über seine Verhältnisse lebt oder aber auch einen großzügigen Lebensstil praktiziert, wird nicht per se als Verschwendung zu werten sein.[47]

Stattgefundenen Vermögensminderungen, die mindestens zehn Jahre vor Beendigung des Güterstands eingetreten sind, oder wenn der andere Ehegatte einverstanden war, werden nicht mit hinzugerechnet.

In der Praxis besteht zudem das Problem der Beweisbarkeit. Wenn ich nachweisen kann, dass mein Ehemann Vermögensgegenstände verschenkt hat, werden diese Werte im Endvermögen mit hinzugerechnet.

ÜBRIGENS

Ob das Endvermögen in angegebener Höhe tatsächlich vorhanden ist, hat immer der zu beweisen, der einen Ausgleichsanspruch hat.

Genau aus diesem Grund spielt im Rahmen des Zugewinnausgleichs auch noch ein weiteres Vermögen eine wichtige Rolle: und zwar das sogenannte **Trennungsvermögen** (das Vermögen am Tag der Trennung). Ob eine illoyale Vermögensverschiebung stattgefunden hat, ist durch einen Vergleich der Vermögenspositionen am Tag der Trennung und am Tag der Zustellung des Scheidungsantrags festzustellen. Das Trennungsjahr wird in der Praxis gern genutzt, um das eigene Vermögen ein wenig oder ein wenig mehr zu minimieren, was eben aufgrund des Grundsatzes »die Vermögensmassen bleiben getrennt« durchaus möglich ist. Ihr merkt, das wird im Einzelfall nicht leicht zu beweisen sein. Nicht jede Vermögensminderung ist also gleich eine illoyale Vermögensverschiebung. Wer zum Beispiel eine Lebensversicherung hatte, diese anlässlich der Trennung auflöst, um die neue Wohnung mit entsprechendem Inventar auszustatten, der wird in aller Regel keine Zurechnung zu befürchten haben. Auch die kleinen Konsumkredite für neue Zähne, ein neues Auto oder die ersehnte Traumreise gehen meist durch. Hier liegt also ein ganz großes Problem.

Berechnung des Zugewinns

Die große Preisfrage lautet nun: Hat einer der Ehepartner einen Zugewinn erzielt? Ziel ist es immer, einen kleineren Zugewinn als der andere zu haben, damit man bloß nichts abgeben muss, sondern etwas bekommt. Die Berechnung des Zugewinns erfolgt für beide Ehegatten getrennt. Auch wenn der Zugewinn rein rechnerisch negativ ist, wird er immer mit Null angesetzt. Das ergibt sich aus der Gesetzesformulierung:

☆ MERKE

Der Zugewinn ist der Betrag, um den das Endvermögen das Anfangsvermögen übersteigt. Es wird also das Anfangsvermögen mit dem Endvermögen verglichen. Der Zugewinn ist niemals kleiner als Null.

Stehen die Zugewinne je Ehepartner fest, wird es spannend. Wer hat gegen wen den Zugewinnausgleichsanspruch? Er verjährt regelmäßig nach drei Jahren. Die Verjährungsfrist beginnt grundsätzlich am Ende des Jahres, in dem die Scheidung rechtskräftig wird. Die Frist startet immer am 31.12. eines Jahres, auch wenn ihr am 02.01. rechtskräftig geschieden wurdet. Zur Veranschaulichung noch ein paar fiktive Beispiele:

Beispiel 1:

	EHEPARTNER E1	EHEPARTNER E2
Anfangsvermögen	0€	0€
Endvermögen	2 Mio €	10 Mio €
Zugewinn	2 Mio €	10 Mio €

Zugewinnausgleichsforderung: E1 hat eine Zugewinnausgleichsforderung in Höhe von ½ von 8 Mio € = 4 Mio € an E2. E2 muss also 4 Mio € an E1 zahlen.

Beispiel 2:

	EHEPARTNER E1	EHEPARTNER E2
Anfangsvermögen	10 Mio €	0€
Endvermögen	-1 Mio €	2 Mio €
Zugewinn	0€	2 Mio €

Zugewinnausgleichsforderung: E1 hat eine Zugewinnausgleichsforderung in Höhe von ½ von 2 Mio € = 1 Mio € an E2. E2 muss also 1 Mio € an E1 zahlen.

Beispiel 3:

	EHEPARTNER E1	EHEPARTNER E2
Anfangsvermögen	0€	10 Mio €
Endvermögen	1 Mio €	11 Mio €
Zugewinn	1 Mio €	1 Mio €

Kein Ehepartner hat eine Zugewinnausgleichsforderung.

Beispiel 4:

	EHEPARTNER E1	EHEPARTNER E2
Anfangsvermögen	-2 Mio €	0 €
Endvermögen	0 €	1 Mio €
Zugewinn	2 Mio €	1 Mio €

Zugewinnausgleichsforderung: Hier hat E2 eine Zugewinnausgleichsforderung in Höhe von ½ von 1 Mio € = 500.000 € an E1. E1 muss also 500.000 € an E2 zahlen.

WICHTIG

- Der Zugewinn kann niemals negativ sein (Beispiel 2).
- Haben die Eheleute beide genau gleich viel Zugewinn erwirtschaftet, existiert kein Zugewinnausgleichsanspruch (Beispiel 3).
- Haben die Eheleute jeweils keinen Zugewinn erzielen können, existiert auch kein Zugewinnausgleichsanspruch.
- Der Ausgleichsanspruch entsteht mit der Beendigung des Güterstandes und ist von diesem Zeitpunkt an auch vererbbar und übertragbar.

Geschenke in der Ehe

Warum gehe ich auf Geschenke im Rahmen des Zugewinnausgleichsanspruchs explizit ein? Der Grund ist, dass Geschenke eine hohe Praxisrelevanz haben und es hier im Rahmen der Scheidung oft zu Problernen kommt. Wir unterscheiden zwischen Geschenken von Dritten, wie zum Beispiel den Schwiegereltern, und Geschenken, die ihr euch während der Ehe gegenseitig macht. Die Frage ist nun: Wem gehören diese Geschenke letztlich und wie sind sie bei der Berechnung des Zugewinns zu berücksichtigen?

Geschenke der Schwiegereltern

Gern werden dem jungen Brautpaar zur Hochzeit oder aber in der Ehe »kleinere« und »größere« Beträge überwiesen, zum Beispiel 100.000 Euro zur Hausfinanzierung. Am Ende steht immer die Frage: Für wen genau war das (Geld-)Geschenk? Relevant ist diese Frage deshalb, weil Schenkungen von Dritten das Anfangsvermögen erhöhen. Der Zugewinn schmälert sich und man muss am Ende weniger abgeben.

Deine Eltern schenken *euch* zur Hochzeit 100.000 Euro und überweisen das Geld auf euer gemeinsames Konto. Verwendungszweck: »An unsere wundervolle Tochter und unseren neugewonnenen Sohn!« Nach ein paar Jahren kommt es zur Scheidung. Die 100.000 Euro liegen unangetastet auf dem Konto. Dein Ex hat Anspruch auf 50.000 Euro.

Merkt euch: Eltern, die nur explizit die eigenen Kinder beschenken wollen, müssen vorsorgen. Die rechtssicherste Variante ist ein Schenkungsvertrag zwischen Eltern und Beschenkten. In diesem können auch dann die etwaigen Rückforderungsansprüche geklärt werden. Wenn keine vertragliche Regelung vorliegt, dann gilt, dass eine sorgfältige Dokumentation und klare Kommunikation über die Absichten der Eltern bestehen muss, und zwar beweisbar:

Die Überweisung muss auf **dein Konto** gehen und aus dem **Verwendungszweck** der Überweisung muss eindeutig hervorgehen, dass es ausschließlich für dich ist. Dann gehört die Schenkung wirklich dir und wird nur in deinem Anfangsvermögen berücksichtigt.

Bei einem gemeinsamen Konto wird es komplizierter und letzlich muss ermittelt werden, was die Schenker wollten. Es kommt also auf die Begleitumstände an. Für das Gemeinschaftskonto gilt grundsätzlich: Die Zuwendung erfolgt in der Regel an *beide* Kontoinhaber. Es sei denn, aus dem Verwendungszweck ergibt sich etwas Gegenteiliges. Allein die Tatsache, dass es die eigenen Eltern waren, die einen Betrag überwiesen haben, reicht für sich allein nicht aus, um anzunehmen, dass die Zuwendung nur an das eigene Kind erfolgen sollte. Das entscheidende Indiz ist der Verwendungszweck. Am Ende steht und fällt in diesem Bereich alles mit der Beweisführung. Recht bekommt, wer beweist.

Bedenke: Vorausgesetzt, die Schenkung geht tatsächlich an beide Ehegatten, haben die Eltern unter Umständen einen eigenen Rückforderungsanspruch gegen das Schwiegerkind, wenn die Ehe scheitert. Schwiegereltern schenken dem Schwiegerkind nämlich nur etwas, weil sie glauben, dass die Ehe hält. Grund der Schenkung ist der Fortbestand der ehelichen Lebensgemeinschaft. Hier spricht man im Juristendeutsch von »Störung der Geschäftsgrundlage«. Ein Rückforderungsanspruch existiert aber nicht immer. Wohl aber, wenn die Ehe nur von kurzer Dauer war (z. B. ein Jahr). Die konkrete Höhe der Rückforderung ist einzelfallabhängig. Um Streit vorzubeugen und Rechtssicherheit zu schaffen, sollte immer an eine Regelung bezüglich der Rückforderung gedacht werden.

Geschenke unter Eheleuten

Komplizierter wird es, wenn es um »Geschenke« geht, die sich Eheleute untereinander machen. Übertragen sich Eheleute Vermögensgegenstände, sprechen wir juristisch korrekt von Zuwendungen. Allein die rechtliche Einordnung könnte ein eigenes Kapitel einnehmen, denn bei Eheleuten wird zwischen den »echten Schenkungen« und den »ehebedingten Zuwendungen« unterschieden. Ergo: Geschenk ist nicht immer gleich Geschenk. Die Abgrenzung kann im Einzelfall komplex werden und manchmal auch schwer verständlich sein.

ÜBRIGENS

Eheleute haben untereinander einen Schenkungssteuerfreibetrag von 500.000 Euro alle zehn Jahre.

Ehebedingte Zuwendungen

Die Rechtsprechung geht davon aus, dass das, was sich Eheleute untereinander zuwenden, in der Regel »ehebedingte Zuwendungen« sind und keine »echten Schenkungen«, insbesondere wenn keine klaren Vereinbarungen oder Absprachen vorliegen.

Bei ehebedingten Zuwendungen ist es so, dass diese an bestimmte Bedingungen beziehungsweise Erwartungen geknüpft werden, nämlich an den Fortbestand der Ehe. Begründet wird dies damit, dass Vermögensverschiebungen unter Ehegatten üblicherweise das Ziel verfolgen, das gemeinsame Eheleben zu fördern. Sie sind Ausdruck des Gegenseitigkeitsverhältnisses, denn die Ehe ist schließlich ein Geben und Nehmen. Die ehebedingten Zuwendungen sollen der Erhaltung und der Ausgestaltung der ehelichen Lebensgemeinschaft dienen. Frei nach dem Motto: Happy Wife, Happy Life. Natürlich können sich Eheleute, genau wie Dritte, gegenseitig völlig freigiebig und zweckfrei, eben aus reiner Großzügigkeit, ohne dies von einer Gegenleistung abhängig zu machen, etwas schenken. Das ist aber, wie gesagt, die Ausnahme.

Was du dir aber unbedingt merken musst, ist, dass im Fall einer Scheidung Geschenke unter Eheleuten zwar grundsätzlich nicht wieder zurückgefordert werden können, soweit die gute Nachricht. Allerdings werden diese im Zugewinnausgleich mitberücksichtigt. Eheleute sind keine Dritten. Das bedeutet für dich, dass Geschenke von Dritten für dich vorteilhafter sein können, als etwas von dem eigenen Ehepartner zu bekommen. Schenkungen von Dritten beeinflussen nicht den

Zugewinn (vorausgesetzt, du kannst beweisen, dass du diese Schenkung erhalten hast).

Es kommt aber noch besser: Beim Zugewinnausgleich kann es sogar sein, dass die Zuwendungen (insbesondere bei großen Beträgen, der Übertragung von Immobilien- oder Firmenanteilen, Aktiendepots etc.) auf die Ausgleichsforderung des Ehegatten, der die Zuwendung erhalten hat, angerechnet werden.

Wenn du bereits in der Ehe ein großes Depot übertragen bekommen hast, dann sollst du hinterher bei der Scheidung nicht noch mal profitieren, indem du zusätzlich noch den vollen Zugewinnausgleich erhältst. Dein eventueller Zugewinnausgleichsanspruch wird dann um das, was du schon in der Ehe bekommen hast, gekürzt. Hier lautet das Stichwort: Anrechnung von Vorausempfängen.[48]

☆ MERKE

- Zuwendungen müssen bei einer Scheidung grundsätzlich nicht zurückgegeben werden, allerdings sind sie im Zugewinnausgleich zu berücksichtigen, sie können sogar auf die Zugewinnausgleichsforderung angerechnet werden.
- Wer Rechtssicherheit und Klarheit haben will, der regelt diesen Punkt in einem individuellen Ehevertrag. Hier kannst du regeln, dass, unabhängig von der rechtlichen Einordnung der Zuwendungen, eine Rückforderung ausgeschlossen ist und eine Berücksichtigung im Zugewinnausgleich nicht zu erfolgen hat.

Die Anrechnung gilt zwar nicht für sogenannte Gelegenheitsgeschenke, also für die Art von Geschenken, die ihrem Wert nach den ehelichen Lebensverhältnissen entsprochen haben, aber willst du am Ende darüber diskutieren, was jetzt in der Ehe typisch war und was nicht? Ich denke nein. Genau deswegen gibt es nur einen Weg: Sichere dir das, was du in der Ehe von deinem Ehepartner erhalten hast, ab. Sämtliche Rückforderungsansprüche und Anrechnungen können ehevertraglich, unabhängig von der juristischen Einordnung der Zuwendungen, ausgeschlossen werden.

Zugewinnausgleichsanspruch im Todesfall

In der Zugewinngemeinschaft wird im Erbfall der Zugewinnausgleich pauschalisiert durchgeführt. Der überlebende Ehepartner bekommt den Erbteil entsprechend seiner gesetzlichen Erbqoute (→ Seite 72) und zuätzlich ein weiteres Viertel Zugewinn. Hat der verstorbene Ehegatte keinen Zugewinn erwirtschaftet, so wird der pauschale Zugewinn dennoch aus dem gesamten Nachlass bedient. Damit will der Gesetzgeber die Versorgung des Hinterbliebenen absichern. Wenn der Verstorbene gar kein Vermögen hinterlässt, dann bringt einem die höhere Erbquote auch nichts. Wenn der Verstorbene, abgesehen vom Ehepartner, keine Hinterbliebenen hat, erbt der Ehepartner alles.

Haushaltsgegenstände

Wie wir gelernt haben, ist bei Haushaltsgegenständen alles ein wenig anders. Diese fallen nicht in den Zugewinnausgleich, sondern werden extra behandelt. Als Erstes müssen wir klären, was genau alles ein Haushaltsgegenstand ist. Differenziert werden muss zwischen Vermögensgegenstand und Haushaltsgegenstand.

WICHTIG

Vermögensgegenstände = Gegenstände, die ausschließlich der Kapitalanlage dienen, z. B. Geld, Wertpapiere, Depots, Sparbücher, Goldbarren, Briefmarkensammlung, Münz- oder Weinsammlungen, oder auch die wertvolle Taschen- oder Sneakersammlung.

Haushaltsgegenstände = alle beweglichen Gegenstände, die die Eheleute nach ihren individuellen Vermögens- und Lebensverhältnissen vorrangig für die Ehewohnung, das Familienleben und für die gemeinsame Haushaltsführung erworben haben und im täglichen Leben nutzen. Auf den Wert, die Eigentumsverhältnisse und den Anschaffungszeitpunkt kommt es regelmäßig nicht an.

Vereinfacht gesagt könnt ihr euch merken: Das, was sich in eurer Wohnung befindet und von der Familie genutzt wird, das ist Hausrat. Haushaltsgegenstände sind zum Beispiel: Möbel (auch die teure Designer-Couch), Geschirr, Haushaltsgeräte (wie Thermomix, Kaffeemaschine oder Staubsauger), die PlayStation, Handtücher, Wäscheständer und Klobürste. Auch die Kunst an der Wand oder Antiquitäten sind Haushaltsgegenstand, soweit sie nicht als reine Kapitalanlage gelten, sondern die Wohnung einfach ein bisschen hübscher machen sollen.

Keine Haushaltsgegenstände sind Gegenstände, die für den persönlichen Gebrauch bestimmt sind, insbesondere Kleidung und Schmuck – der Ehering, Kinderspielzeug und Briefe sowie Gegenstände, die der Berufsausübung eines Ehegatten dienen (z. B. Fachbücher, Arbeitslaptop).

Besondere Praxisrelevanz hat immer der Pkw. Auch dieser kann Haushaltsgegenstand sein – und zwar immer dann, wenn er überwiegend familiär genutzt wurde, die Familienkutsche. Wenn du also die Wochenendeinkäufe damit erledigst und die Kinder damit zum Hockey kutschierst, ist er grundsätzlich Haushaltsgegenstand. Das gilt meistens, wenn ihr »nur« ein Auto habt. Habt ihr beide einen Pkw, dann sind beide Fahrzeuge meist als Vermögensgegenstand einzuordnen und fallen in den Zugewinn.

Haushaltsgegenstände sind im Fall einer Trennung/Scheidung unter den Ehegatten fair aufzuteilen. Alles das, was im Miteigentum der Eheleute steht, ist zu teilen. Die zuvor zu klärende Frage ist immer: Wer ist Eigentümer? Wem gehört ein Gegenstand rechtlich? Das Gesetz vermutet, dass Haushaltsgegenstände, die während der Ehe für den gemeinsamen Haushalt angeschafft wurden, grundsätzlich gemeinsames Eigentum, sogenanntes Miteigentum sind. Die Vermutung kann widerlegt werden, ist aber schwierig, denn es reicht nicht aus, diese Vermutung damit zu widerlegen, dass die Sache mit eigenen finanziellen Mitteln gekauft wurde.[49]

☆ MERKE

Alles, was im Trennungsjahr angeschafft wird, ist Alleineigentum und deswegen kein Haushaltsgegenstand, sondern Vermögensgegenstand, und fällt in den Zugewinn.

Das ist der Grund, warum in der Praxis bei Haushaltsgegenständen grundsätzlich vom Miteigentum ausgegangen wird. Die Haushaltsgegenstände, die einem Ehepartner vor der Ehe gehört haben, stehen auch noch in der Ehe in seinem Alleineigentum. Die Eheleute sind aus der ehelichen Lebensgemeinschaft dennoch verpflichtet, dem anderen die Benutzung an diesen Gegenständen zu gewähren. Bei diesen Haushaltsgegenständen ist bei der Teilung das Eigentumsverhältnis zu berücksichtigen, aber nicht allein entscheidend.

Das Gesetz sieht in Bezug auf Haushaltsgegenstände eine Teilung in Natur vor, wobei Ziel sein soll, dass beide Ehegatten am Ende wertmäßig gleich dastehen. Einer bekommt den Staubsauger, der andere den Saug- und Wischroboter. Nein, das wäre ja nicht vergleichbar. Also: Der eine den Thermomix und der andere den Roborox? #unbezahltewerbung. Ihr merkt, hier liegt Konfliktpotenzial in der Luft.

Maßgeblich ist der Zeitwert (auch Wiederbeschaffungswert oder Marktwert genannt) bei der Trennung. Zeitwert = aktueller Wert zum Zeitpunkt der Trennung unter Berücksichtigung von Alter, Abnutzung und allgemeinem Zustand.

Gelegentlich kommt ein Ehepartner auf die glorreiche Idee, dem anderen großzügigerweise alles, was im Haus vorhanden war, bis auf das Werkzeug, den Fernseher und das Laufband – das kann Mann schließlich gut gebrauchen – zu überlassen und im Gegenzug eine Abschlagssumme von X Euro zu verlangen. Eine Abfindung sieht das Gesetz nicht vor. Freiwillig können solche Vereinbarungen selbstverständlich getroffen werden.

Für Haushaltsgegenstände gilt die Regelung der Teilung, damit hier schnell und einfach eine Lösung erfolgt. Insbesondere soll vermieden werden, dass für eine Auseinandersetzung unwirtschaftliche Verkäufe getätigt werden müssen.

Die Ex-Ehepartner sollen sich einigen. Klappt das nicht, muss sowohl bei der Frage nach Allein- oder Miteigentum als auch bei der Verteilung, wer was bekommt, das Gericht entscheiden. Schlussendlich entscheidet dieses dann, wem die begehrten Haushaltsgegenstände im Rahmen der Trennung oder auch nach der rechtskräftigen

Scheidung zugewiesen werden. Wenn zu klären ist, ob der Vibrator jetzt Haushaltsgegenstand ist, und wem dieser zuzuweisen ist, wird so ein Verfahren auch für uns Anwälte interessant. Ob Sexspielzeug Haushaltsgegenstand ist, wurde höchstrichterlich noch nicht entschieden. Ist es für das Zusammenleben der Ehegatten bestimmt und dient es der gemeinsamen Lebensführung? Es kommt wohl drauf an.

Für ein Verfahren bzgl. der Zuweisung von Haushaltsgegenständen braucht Frau starke Nerven. Es dürfen dann Inventarlisten gefertigt werden, auf denen alle Haushaltsgegenstände »vollstreckungsfähig« – also genau beziffert und detailliert – beschrieben werden, sodass ein Gerichtsvollzieher diese sofort ausfindig machen und mitnehmen kann. Kommt es zur Zuweisung durch das Gericht, wird nach Billigkeitsgrundsätzen entschieden. Es kommt auf die Gesamtsituation an und am Ende ist immer ungewiss, wie das Gericht entscheiden wird.

ÜBRIGENS

Einfach mal so die Bude leerräumen, wenn es zur Trennung kommt, ist ein absolutes No-Go. Wer den Umzugswagen bestellt, bevor eine Einigung stattgefunden hat, der kann sich sogar strafbar machen. Das Familiengericht wird in einem Verfahren, das der »Dieb« zu zahlen hat, festlegen, dass der eheliche Hausrat unter Umständen wieder in die Ehewohnung zurückzubringen ist.

Haustiere sind grundsätzlich Haushaltsgegenstand. Tiere sind zwar keine Sachen, allerdings werden sie wie solche behandelt. Hatte einer von euch das Tier schon vor der Ehe, dann bleibt er Alleineigentümer und das Tier steht ihm auch nach der Trennung/Scheidung zu. Schwieriger wird es, wenn das Tier in der Ehe angeschafft wurde und somit im Miteigentum steht. Wo das Tier letztlich unterkommt, wird im Streitfall dann ebenfalls nach Billigkeitsgrundsätzen gerichtlich entschieden, wobei das Tierwohl mitentscheidend ist. Also: Auch hier können bittere Streitereien vor Gericht geführt werden. Klärt vorher, was mit dem gemeinsamen Tier im Fall einer Trennung passieren soll.

Einen Anspruch auf ein sogenanntes Umgangsrecht, wie es das bei Kindern gibt, gibt es bei Tieren nicht. Das könnt ihr aber in einem Ehevertrag vereinbaren.[50]

☆ MERKE

Ihr könnt im Vorfeld klären, wem welcher Gegenstand im Fall einer Scheidung zugewiesen wird. Zum Beispiel könnt ihr vereinbaren: Jeder geht mit dem, was er in die Ehe gebracht hat. Ihr könnt ein Inventarverzeichnis erstellen und dies alle zwei Jahre um die in der Ehe erworbenen Haushaltsgegenstände erweitern. Haushaltsgegenstände sind am Ende – aus wirtschaftlicher Sicht – nicht streitentscheidend, wie etwa die Altersvorsorge und das Vermögen. Aber: Haushaltsgegenstände sind emotional bedeutsam und haben deswegen eine hohe Praxisbedeutung. Wenn euch etwas besonders am Herzen liegt, dann regelt, wer was bekommt.

Ehewohnung

Hierbei ist Folgendes zu beachten: Zur Ehewohnung gehören alle Räume, die die Eheleute zum gemeinsamen Wohnen überwiegend genutzt haben, egal wem sie gehören oder von wem sie angemietet sind.

WICHTIG

Auch wenn eine Immobilie im Alleineigentum eines Ehepartners steht, dann könnte diese unter Umständen dem anderen Ehepartner im Fall einer Trennung zugewiesen werden, wenn die Überlassung dahingehend notwendig ist, um unbillige Härte zu vermeiden.

Ist die Trennung einmal ausgesprochen, möchte man sich in der Regel auch räumlich trennen. Die meist zuerst zu klärende Frage: Wer zieht aus? Gerade wenn die Immobilie einem Ehepartner gehört, besteht der Irrglaube, dass dieser den anderen – es ist schließlich sein Eigentum – einfach vor die Tür setzen darf. Ganz so einfach ist es nicht. Auch wenn einem Ehepartner eine Immobilie nicht gehört, kann er sich unter Umständen die Ehe-Wohnung/das Haus vorübergehend, für die Trennungszeit oder sogar für die Zeit nach der Rechtskraft der Scheidung gerichtlich zuweisen lassen. Genau wie bei den Haushaltsgegenständen. Das Gericht entscheidet nach billigem Ermessen, ob eine Zuweisung im Einzelfall gerechtfertigt ist. Zwar sind gerade für den Fall der Überlassung der Ehewohnung nach der Scheidung die Eigentumsverhältnisse zu beachten, allerdings besteht trotzdem die Möglichkeit, dass bei Annahme einer unbilligen Härte eine Zuweisung an den Nichteigentümer erfolgen kann. Zum Beispiel wenn der die drei kleinen Kinder betreuende Ehegatte keine Wohnung finden kann, wenn er aus familiären oder aus beruflichen Gründen dringend auf die Wohnung angewiesen ist. Die Eigentumsinteressen würden zurücktreten müssen, wenn der Nichteigentümer beispielsweise im Rollstuhl sitzt und die Wohnung speziell für ihn umgebaut wurde. Es existiert kein allgemeiner Regelungskatalog, sondern es kommt immer auf den konkreten Einzelfall an und es werden alle Umstände in der Gesamtabwägung berücksichtigt, insbesondere eben auch das Kindeswohl, also die Frage, was ist für die Kinder in der jeweiligen Situation am besten?

Das Problem der Zugewinngemeinschaft

Wir haben gesehen, wo das Konfliktpotenzial der Zugewinngemeinschaft liegt, und du kannst dir jetzt sicherlich besser vorstellen, warum es oft zu jahrelangen Zugewinnausgleichsverfahren kommt. Was war vor der Ehe da? Was waren die Sachen wert? Wem haben die Schwiegereltern etwas zugewendet? Wie viel ist am Ende noch da? Wo ist Vermögen hin, das in der Ehezeit noch da war?

Ziel des Zugewinnausgleichs soll es sein, dass der Ehegatte, der für die Familie zurückgesteckt hat, am Ende der Ehe gleichermaßen wirtschaftlich von der Ehe profitiert. Es soll am Ende fair sein. Das ist die Idee des Gesetzes. Die sich bei der Berechnung auftuenden Schwierigkeiten, und auch das Aufbringen von Beweisen über das Vorhandensein von Vermögen nach jahrzehntelanger Ehe, führen dazu, dass das Ziel – ein fairer Ausgleich – in der Praxis nicht immer erreicht wird. Ein etwaiger Ausgleich erfolgt immer erst am Ende der Ehe. Doof, wenn am Ende, insbesondere durch manipulative Handlungen, nichts mehr zum Ausgleichen da ist. Die Belohnung für deine Arbeit in der Ehe erfolgt, wenn du Glück hast, erst am Ende. Wenn du Pech hast, gehst du leer aus.

Der Ausgleich am Ende ist auch aus folgendem Grund keine sinnvolle Idee: Der Zinseszinseffekt kann nicht genutzt werden. Würde bereits für den Ehegatten, der überwiegend die Care-Arbeit geleistet hat, ein Ausgleich in der Ehe gezahlt werden, könnte dieser über eigenes Geld verfügen, hätte die Möglichkeit zu sparen und für später vorzusorgen. Als Arbeitnehmerin arbeitest du schließlich auch nicht erst mal jahrelang umsonst, um dann im Rahmen deiner Kündigung dein gesamtes Gehalt zu bekommen.

Beispiel: Es macht einen Unterschied, ob ich auf 20 Jahre betrachtet jedes Jahr 10.000 Euro oder nach zehn Jahren Ehe einen Betrag von 100.000 Euro anlege. In beiden Fällen werden die Erträge vollständig reinvestiert bei einem jährlichen, fiktiven Zinssatz von **5%**:

SZENARIO 1: Laufende jährliche Investition von 10.000€ über 10 Jahre mit Zinseszins	**SZENARIO 2:** Einmalige Investition von 100.000€ (unterstellter Zugewinnausgleichsanspruch) nach 10 Jahren Ehe für die nächsten 10 Jahre
Jährlich werden 10.000€ angelegt und die Erträge über einen Zeitraum von 20 Jahren konsequent reinvestiert	Nach 10 Jahren wird eine Summe von 100.000€ angelegt und über weitere 10 Jahre die Erträge reinvestiert
Angespartes Eigenkapital nach 10 Jahren Ehe:	
125.778, 93€	0€
Angespartes Eigenkapital nach weiteren 10 Jahren:	
204.880, 62€	162.889, 46€

Szenario 1 führt dazu, dass nach 20 Jahren ein höheres Endkapital vorliegt. Das frühere Sparen bringt knapp 42.000 Euro mehr.

Der Zugewinnausgleichsanspruch entsteht erst in dem Moment, in dem die Eheleute rechtskräftig geschieden werden. Das kann auch mal länger dauern. Erst ab diesem Zeitpunkt kann ich das fordern, was mir zusteht. Geltend gemacht werden kann der Anspruch bereits zu einem früheren Zeitpunkt. Aber auch hier kommt es öfters zu langen Prozessen. Ehegatten haben untereinander einen Auskunftsanspruch. Es muss also offengelegt werden, was alles da ist. Die Auskunftserteilung wird in der Praxis allerdings – nicht selten – erst einmal nicht erteilt und damit in die Länge gezogen. Bis es zu einer Verurteilung kommt, dauert es. Wer hier mauert, kann das gesamte Prozedere gern mal mehrere Jahre in die Länge ziehen.

Hinzu kommt, dass meistens aufgrund von Intransparenz über die finanziellen Vermögensverhältnisse der Eheleute untereinander gar nicht auffällt, wenn jemand über gewisse Dinge keine Auskunft erteilt. Wenn du während der Ehe keine Ahnung vom Aktiendepot oder den Lebensversicherungen deines Mannes hattest, fällt dir auch nicht auf, wenn es in seiner Vermögensauskunft nicht auftaucht. Natürlich muss die Auskunftserteilung zur Not eidesstattlich versichert werden. Das hält in der Praxis dennoch nicht alle davon ab, es einfach mal drauf ankommen zu lassen. Wer keinen Einblick und vor allem Überblick über die Finanzen des anderen hat, der kann auch nicht vor Gericht vortragen, was es gibt, das eventuell im Zugewinn zu berücksichtigen wäre.

Gerade wenn du keine eigenen Ersparnisse hast, bist du auf die Zahlung des Zugewinnausgleichanspruchs angewiesen. Darauf darfst du aber niemals blind vertrauen, sonst hast du ein Problem. Es gilt immer der Grundsatz: Die, die was will, muss aktiv werden. Und: recht haben und Recht bekommen, sind zwei verschiedene paar Schuhe.

Was du ebenfalls nie vergessen darfst, ist, dass du dabei auch immer den Eigenarten der gerichtlichen Prozesse ausgesetzt bist. Es ist ein absoluter Irrglaube zu denken, das Gesetz schützt dich und am Ende wird es Gerechtigkeit geben. Bedenke, dass Gerechtigkeit auch immer im Auge des Betrachters liegt. Dazu kommt, dass jeder Fall individuell ist. Den Ausgang eines Verfahrens kann niemand vorhergesagen. Eine außergerichtliche Einigung ist meistens die schnellere und auch die kostengünstigere Variante.

Zugewinnausgleichsanspruch auf einen Blick

- ☞ Zugewinn = Differenz zwischen Anfangsvermögen (AV) und Endvermögen (EV).
- ☞ Zugewinn ist niemals negativ, Ansatz von mindestens 0 €
- ☞ AV = Vermögen – Verbindlichkeiten (am Tag der standesamtlichen Hochzeit).
- ☞ Wer sich auf das Vorhandensein des AV beruft, der muss dies mit Belegen beweisen.
- ☞ Kann AV nicht nachgewiesen werden, wird beim AV ein Wert von Null angesetzt.
- ☞ Existiert ein Vermögensverzeichnis, so wird vermutet, dass dieses korrekt ist, bis das Gegenteil bewiesen wird.
- ☞ Erbschaften & Schenkungen von Dritten = sog. privilegiertes Vermögen. Wird dem Anfangsvermögen hinzugerechnet.
- ☞ Wertsteigerungen von Erbschaften und Schenkungen von Dritten werden im Zugewinn mitberücksichtigt.
- ☞ Zuwendungen der Eheleute werden dem AV nicht hinzugerechnet.
- ☞ EV = Vermögen – Verbindlichkeiten (am Tag der Zustellung des Scheidungsantrags).
- ☞ Für die Berücksichtigung von Schulden ist ausreichend, dass diese entstanden sind.
- ☞ Illoyale Vermögensverschiebungen können dem Endvermögen wieder hinzugerechnet werden.
- ☞ Trennungsvermögen = Vermögen – Verbindlichkeiten am Tag der Trennung.
- ☞ Wertsteigerungen/Wertverluste von Vermögensgegenständen fallen grundsätzlich in den Zugewinn.
- ☞ AV und EV können auch negativ sein.
- ☞ Hausrat fällt nicht in den Zugewinn. Hausrat ist zu teilen.

Gütertrennung vs. modifizierte Zugewinngemeinschaft

Wer sein Vermögen, insbesondere sein Unternehmen, schützen will, der braucht die Gütertrennung. Da führt kein Weg dran vorbei. So oder so ähnlich ist in den Köpfen der Menschen verankert, was in einem Ehevertrag zur vollkommenen Absicherung drinzustehen hat. Das Mittel für eine vollständige Absicherung des eigenen Vermögens heißt *nicht* immer Gütertrennung. Das Ergebnis kann wunderbar über die modifizierte Zugewinngemeinschaft hergestellt werden. Fast alle gewünschten Ergebnisse können durch diese hergestellt werden. Wer sein Unternehmen schützen will, kann dieses aus dem Zugewinn ausschließen. Sowohl die Gütertrennung als auch die modifizierte Zugewinngemeinschaft müssen in einem individuellen Ehevertrag beim Notar vereinbart werden.

Die Gütertrennung ist dadurch gekennzeichnet, dass nicht nur in der Ehe, sondern auch nach der Ehe die **Vermögensmassen vollständig getrennt** bleiben. Es gibt keinen Zugewinnausgleich, ganz egal, wie sich eure beiden Vermögen während der Ehe entwickelt haben. In vermögensrechtlicher Hinsicht hat die Heirat keinerlei Bedeutung mehr. Jeder hat sein Vermögen, das er auch vollständig allein verwaltet. Wenn das Vermögen des einen Ehegatten – Bitcoin sei Dank – in die Millionen gegangen ist, hat der andere Ehepartner rein gar nichts davon. Das muss man wollen ;-) Oder eben nicht.

Wichtig zu wissen ist, dass auch bei der Gütertrennung gemeinsames Vermögen entstehen kann. Aber bedenkt: Entsteht gemeinsames Vermögen, werdet ihr wie fremde Dritte im Verhältnis untereinander behandelt. Es findet kein Zugewinnausgleich zwischen euch statt. Für die Auseinandersetzung des gemeinsamen Vermögens in diesem Fall empfiehlt sich – so wie bei jedem Dritten auch – eine vertragliche Regelung.

Der evidente Vorteil: Die Gütertrennung ist einfach und klar. Wie sagte eine Mandantin einmal zu mir: »Ich weiß, dass der Ehevertrag eine absolute Katastrophe war. So was würde ich nie wieder unterschreiben. Aber: Es ging halt alles einfach schnell und ohne großes Drama.« Recht hatte sie. Der Vertrag war wirksam und die Scheidung war relativ schnell durch.

Die Gütertrennung hat zwei große Nachteile: Erstens: Auch im Fall des Todes erfolgt kein Zugewinnausgleich. Dadurch entfällt der potenzielle steuerrechtliche Vorteil. Der Zugewinnausgleichsanspruch ist grundsätzlich, unabhängig von seiner Höhe, steuerfrei. Der zweite eklatante Nachteil der Gütertrennung ist, dass sich die Erbteile, und damit auch die Pflichtteilsquoten der erbberechtigten Verwandten, erhöhen. Der überlebende Ehegatte steht dann dumm da.

Unabhängig von dem Güterstand könnt ihr euch jederzeit gegenseitig durch ein Testament als Alleinerben einsetzen.

In der Praxis ist die Vereinbarung der Gütertrennung, insbesondere wegen des erbrechtlichen Aspekts, die Ausnahme. Die Gütertrennung kann relevant werden, wenn:

- Das Ehepaar bereits jeweils eigenes Vermögen aufgebaut hat.
- Die jeweiligen eigenen Kinder (auch aus früherer Ehe) durch die Eheschließung keine erbrechtlichen Nachteile haben sollen.
- Eine Verpflichtung aus Gesellschaftsverträgen besteht. (Hier stellt sich aber die Frage, ob solche Gesellschaftsverträge auch durchsetzbar sind. Das wurde höchstrichterlich noch nicht entschieden.)
- Beide unbedingt – in Kenntnis der Vor- und Nachteile dieses Güterstands – die Gütertrennung wollen.

Gütertrennung auf einen Blick

- ☞ Muss durch notariellen Ehevertrag vereinbart werden.
- ☞ Vermögensmassen werden vollständig getrennt.
- ☞ Jeder verwaltet sein Vermögen allein.
- ☞ Verfügungsbeschränkung über Vermögen im Ganzen gilt nicht / Verfügungsbeschränkung über Haushaltsgegenstände gilt.
- ☞ Kein Zugewinnausgleich.
- ☞ Kein pauschalisierter Zugewinnausgleich im Fall des Todes eines Ehepartners. Alles, was einen Betrag von 500.000 Euro übersteigt, muss versteuert werden.
- ☞ Auch bei Gütertrennung gelten:
  - Regelungen zur ehelichen Lebensgemeinschaft (jeder muss den anderen Ehewohnung und Haushaltsgegenstände zur Mitbenutzung überlassen)
  - Regelungen zur Haushaltsführung & Erwerbstätigkeit
  - Regelungen zu Geschäften zur Deckung des Lebensbedarfs
  - Eigentumsvermutung
  - Maßstab für den Umfang der Sorgfaltspflicht
  - Zahlung von Familienunterhalt
  - Unterhaltsrechtliche Regelungen
  - Ehegattennotvertretungsrecht

Auf die modifizierte Zugewinngemeinschaft gehe ich im Kapitel »Der Ehevertrag« genauer ein (→ ab Seite 193).

DIE EHELICHE IMMOBILIE

GEMEINSAMES EIGENTUM VERPFLICHTET

Die gemeinsame Immobilie im rechtlichen Sinn

Erst heiraten, dann ein Haus bauen, Kinder bekommen und dann noch ein Hund. So oder so ähnlich sieht doch das vermeintlich perfekte Leben aus. Auch die Immobilie ist nach wie vor der Traum vieler. Und was soll ich euch sagen: Die Immobilie hat Zündstoffpotenzial.

Bei der Immobilie gilt generell: Holt euch fachliche Unterstützung. Beim Kauf oder Bau einer Immobilie, aber auch beim späteren Verkauf, müssen neben den rechtlichen Aspekten viele Dinge berücksichtigt werden. Die Finanzierung, die monatlichen Raten und Zinsen, können zur echten Belastung werden. Auch steuerliche Aspekte spielen eine Rolle.

Eine Immobilie ist eine Investitionsentscheidung für die Zukunft. Ihr kauft schließlich nicht jedes Wochenende eine Immobilie. Viele Paare stecken einen Großteil ihrer Ersparnisse in ihren Traum vom Eigenheim. Oft entpuppt sich dieser – im Rahmen der Scheidung – als Albtraum. Selten sind die Folgen der Entscheidungen über Aufteilung der Finanzierung und Eigentumsverhältnisse zwischen den Eheleuten bekannt. Das Thema Immobilie ist hochkomplex. Da es in der Praxis eine wichtige Rolle spielt, gehe ich auszugsweise auf die wichtigen rechtlichen Themen rund um die gemeinsame Immobilie ein.

Das Thema »meins und deins« ist auch bei Immobilien immer wieder spannend. Wann gehört dir eine Immobilie rechtlich?

DIE ANTWORT IST GANZ EINFACH: WENN DU IM GRUNDBUCH ALS EIGENTÜMER EINGETRAGEN BIST.

Ob du einen Darlehensvertrag unterschrieben, das Haus oder die Wohnung über Jahrzehnte bewohnt oder die Immobilie selbst gebaut hast, ist egal. Nur die Eintragung im Grundbuch zählt. Mit welchem

Eigentumsanteil du im Grundbuch stehst, ist entscheidend. Das kann zu 50 Prozent oder zu jedem anderen x-beliebigen Prozentsatz sein. Wenn du jetzt denkst: logisch! Super! Leider stelle ich aber immer wieder fest, dass das kein universelles Wissen ist. Wer einen Darlehensvertrag für eine Immobilie unterschreibt, ohne im Grundbuch zu stehen, haftet (gesamtschuldnerisch) für die Schulden, ohne die Immobilie als Gegenwert zu haben.

Grundsätzlich spielt dabei keine Rolle, wer wie viel Geld für die Immobilie bezahlt hat. Habt ihr euch beide dazu entschieden, gemeinsam eine Immobilie zu gleichen Teilen zu erwerben und euch zu gleichen Teilen ins Grundbuch eintragen lassen, gehören euch jeweils 50 Prozent. Wer wie viel vom Kaufpreis übernimmt, ändert nichts an den Eigentumsverhältnissen. Kommt es zur Trennung, dann bestimmst du letztlich immer den Preis, für den du deine 50 Prozent Miteigentumsanteil abgibst. Zur Not gehst du einfach nicht aus dem Grundbuch raus.

☆ MERKE

Achte immer darauf, dass du auch im Grundbuch als Eigentümerin eingetragen bist! Im Darlehensvertrag musst du nicht unbedingt stehen.

Achtung: Wenn der Ehepartner, der mehr Eigenkapital in die Immobilie investiert, dieses Kapital schon bei Heirat hatte, wird es in seinem Anfangsvermögen mitberücksichtigt. Wenn das Eigenkapital aus Mitteln stammt, die in der Ehe erwirtschaftet wurden, dann erfolgt eine Berücksichtigung im Anfangsvermögen hingegen nicht.

Die (gemeinsame) Immobilie ist ein Vermögenswert, der (anders als ein gemeinsames Sparkonto) faktisch nicht teilbar ist. In rechtlicher Hinsicht bilden Miteigentümer einer Immobilie eine sogenannte Bruchteilsgemeinschaft. Das bedeutet, jedem von euch gehört entsprechend dem eingetragenen Eigentumsanteil im Grundbuch ein Bruchteil von allem. Ihr könnt also nicht sagen, das Obergeschoss gehört mir und das Untergeschoss gehört dir.

Seid ihr zu 50 Prozent als Miteigentümer im Grundbuch eingetragen, gehört euch alles zu 50 Prozent. Mit deinen 50 Prozent kannst du theoretisch machen, was du willst. Praktisch ist das aber schwierig. Du kannst zwar deinen Miteigentumsanteil an der Immobilie verkaufen, wenn es nicht dein ganzes Vermögen ist, auch ohne Zustimmung deines Mannes. Für den potenziellen Käufer würde das dann bedeuten, dass ihm 50 Prozent der Immobilien gehören und er sodann eine Miteigentumsgemeinschaft mit deinem Mann bilden würde. Das macht in der Praxis wohl keiner. Ihr seid also im Grund an euren Ehepartner gebunden und könnt Entscheidungen, wie Umbauen oder Verkaufen, nur gemeinsam treffen. Auch eine Scheidung ändert daran erst mal nichts.

Die gemeinsame Immobilie bei Trennung/Scheidung

Kommt es zur Trennung, können sich die Eheleute meist nicht einigen, was mit der Immobilie passiert. Ein großes Thema sind immer die Darlehensraten: Die meisten nehmen zur Finanzierung der Immobilie ein Darlehen bei einer Bank auf. Hier gilt: Steht ihr beide im Darlehensvertrag, so schuldet auch ihr beide gesamtschuldnerisch die Darlehensraten der Bank, und zwar so lange, bis der Darlehensvertrag irgendwie zum Ende kommt.

Zahlt nur ein Ehepartner die Darlehensraten, obwohl beide im Kreditvertrag stehen, so wird davon ausgegangen, dass während »intakter Ehe« die Abzahlung von gemeinsamen Schulden einen Beitrag zur ehelichen Lebensgemeinschaft darstellt. Insoweit existiert im Fall einer Scheidung grundsätzlich kein Rückforderungsanspruch und es findet auch bei der Liquidierung der Immobilie keine Berücksichtigung statt.

Ab dem Zeitpunkt der Trennung hingegen ist der Ehepartner aber nicht mehr dazu verpflichtet, für den anderen Ehepartner weiterhin die Verbindlichkeiten zu tragen. Ebenso sind im Innenverhältnis (das Verhältnis zwischen beiden Ehepaaren untereinander) beide grundsätzlich zur Hälfte verpflichtet. Das gilt sogar auch dann, wenn die Eheleute trotz der Trennung noch zusammen in der Immobilie wohnen.

Die Immobilie ist ein emotionales und herausforderndes Problem. Die Vorstellung, dass die Kinder neben der Tatsache, dass Mama und Papa sich trennen, auch noch aus ihrem Zuhause ausziehen müssen, macht eine Auseinandersetzung zusätzlich schwierig.

Ihr müsst klären, was mit der Immobilie passieren soll, und zwar

1. im Trennungsjahr und
2. nach dem Ablauf des Trennungsjahres.

Was passiert im Trennungsjahr?

Im Trennungsjahr ist es meist sinnvoll, dass der Ehepartner in der Immobilie wohnen bleibt, der die Kinder betreut. Bleibst du in der Immobilie, hast du einen Wohnvorteil, der entweder im Unterhalt mitberücksichtigt wird, oder aber in Form einer Nutzungsentschädigung bezahlt werden muss. Im Trennungsjahr wird der sogenannte subjektive Wohnwert angesetzt, also eine Miete, die sich der Ehepartner in seiner entsprechenden Situation auch leisten könnte. Nach Ablauf des Trennungsjahres (ab dem 13. Monat der Trennung) ändern sich die Spielregeln! Ab diesem Zeitpunkt wird die tatsächlich auf dem freien Markt zu erzielende Miete angesetzt, der sogenannte objektive Wohnwert.

Was passiert nach Ablauf des Trennungsjahres?

Letztlich existieren vier[51] Möglichkeiten, wie mit einer Immobilie verfahren werden kann, wenn es zur Scheidung kommt:

1. Einer übernimmt und der andere wird ausgezahlt.
2. Die Immobilie wird veräußert.
3. Die Immobilie wird behalten und vermietet.
4. Teilungsversteigerung.

Ihr müsst bereits im Vorfeld über dieses Thema reden. Insbesondere wenn klar ist, dass sich die Immobilie keiner allein leisten kann. Ihr könntet eine ehevertragliche Regelung treffen, dass die Immobilie im Fall einer Trennung veräußert werden soll. In der Praxis kommt es oft vor, dass ein Ehepartner die Immobilie halten möchte. Hier muss in aller Regel 1. die Bank mitspielen und 2. die Immobilie zum aktuellen Marktwert leistbar sein.

Wenn ihr die Immobilie beide finanziert habt, hat die Bank schlussendlich immer das letzte Wort. Es ist niemandem zu raten, aus dem Grundbuch zu gehen, ohne nicht auch aus dem Darlehensvertrag entlassen zu sein. Das nennt man Schuldhaftentlassung. Für die alleinige Übernahme einer Immobilie und der Finanzierung ist diese Grundvoraussetzung.

Besonders schwierig wird es immer, wenn der eine die Immobilie veräußern will, der andere aber nicht. Können sich die Eheleute nicht einigen (ihr könnt geschieden werden und immer noch Miteigentümer der Immobilie sein), heißt der letzte Ausweg immer: Teilungsversteigerung. Die Teilungsversteigerung ist ein rechtliches Verfahren, bei dem die im Besitz beider Eheleute befindliche Immobilie letztlich versteigert wird. Das ist der absolute Supergau und jedem kann nur geraten werden, diese zu umgehen und sich zu einigen.

Die Nachteile der Teilungsversteigerung:

1. Wertverlust der Immobilie, da hier nur 70 Prozent bzw. 50 Prozent des Verkehrswerts geboten werden müssen.
2. Sehr aufwendiges Verfahren mit hohen Verfahrenskosten und langer Dauer.
3. Viel emotionaler Stress bei allen Beteiligten (inkl. der Kinder).
4. Eine Finanzierung für das Gebot zur Zwangsversteigerung ist für den weniger gut verdienenden Ehepartner extrem schwierig oder sogar ausgeschlossen. Du kannst nicht mitbieten und der andere kann die Immobilie für 70 bis 50 Prozent des Immobilienwerts kaufen und deine Anteile übernehmen. Du musst dann ausziehen und bekommst dann auch noch deutlich weniger als den Marktwert für deinen Hausteil.

Ergo: Eine Teilungsversteigerung sollte *immer* vermieden werden! Auch der Verkauf einer Immobilie trotz Verlust ist immer noch besser als eine Versteigerung. Früher galt: ohne Rechtskraft der Scheidung keine Teilungsversteigerung. So hat es teilweise Jahre gedauert, bis die eheliche Immobilie unter den Hammer kam. Das ist heute nicht mehr so. Natürlich werden beide Seiten und Interessen bei einer Entscheidung berücksichtigt.

Trennungsfalle und Verkaufsfalle

Achtung: Bei der Immobilie müsst ihr insbesondere die beiden nachfolgenden Fallen kennen.

Die Trennungsfalle: Wer sich trennt, *muss* die Spekulationsfrist kennen. Wenn zwischen Anschaffung und Verkauf der Immobilie mindestens zehn Jahre liegen, könnt ihr diese steuerfrei verkaufen. Verkauft ihr innerhalb der 10-Jahres-Frist, müsst ihr den Gewinn, der beim Verkauf entsteht, versteuern. Hiervon gibt es zwei Ausnahmen. Derjenige, der die Immobilie

1. ausschließlich selbst bewohnt oder
2. die Immobilie im Jahr des Verkaufs sowie in den beiden vorangegangenen Jahren selbst bewohnt hat.

Durch das (meist überstürzte) Ausziehen aus der ehelich genutzten Immobilie kann es nämlich sein, dass ihr die 10-Jahres-Frist nicht einhaltet und diese Ausnahmen nicht greifen. Also müsst ihr beim Verkauf doch Spekulationssteuer zahlen. Muss ein Ehepartner den Gewinn versteuern, stellt dies im Zugewinn eine Verbindlichkeit dar. Diese kann er sich im Zugewinn anrechnen lassen, bad for you.

Die Verkaufsfalle: Der Verkauf eines Hauses im Fall einer Trennung ohne Ehevertrag/Scheidungsfolgenvereinbarung kann zum Supergau werden. Stellen wir uns den folgenden Fall vor: Ehemann und Ehefrau verkaufen ihr Haus im Trennungsjahr. Jeder erhält am Ende nach Abzug der Verbindlichkeiten einen Betrag von 250.000 Euro. Der Ehemann gibt alles auf seiner lang ersehnten Weltreise noch im Trennungsjahr aus. Die Ehefrau war schon immer eine Sparfüchsin und parkt das Geld auf ihrem Konto. Es kommt zur Scheidung. Der frisch von der Weltreise erholte Ehemann entscheidet sich, den Zugewinnausgleichsanspruch geltend zu machen, denn sein Budget ist ja bei der Reise geschrumpft. Wenn die beiden in diesem Fall keine vertragliche Vereinbarung getroffen haben, die verhindert, dass auf das bereits verteilte Vermögen des anderen zurückgegriffen werden kann, kann es dazu kommen, dass die Sparfüchsin die Hälfte von dem Verkaufserlös im Rahmen des Zugewinnausgleichs abgeben muss. In unserem Beispiel wären das 125.000 Euro, unterstellt, der Erlös aus dem Verkauf der Immobilie ist einziges Vermögen der Eheleute.

DIE EHE MIT KINDERN

KINDER VERBINDEN FÜR IMMER

Sorgerecht

Das, was in einer Partnerschaft wirklich *alles* ändert, sind Kinder. Das gilt mit und ohne Trauschein. Nachfolgend habe ich die Dinge zusammengefasst, die jeder einmal vorab zumindest gehört haben sollte: Elterngeld, Kindergeld, aber auch die Themen: Sorgerecht, Unterhalt, Erwerbsobliegenheit, Düsseldorfer Tabelle und Co. sind wichtig. Denn was soll ich euch sagen, um was streiten die Eheleute am meisten? Richtig, um die Kinder. Und: natürlich um das Geld. Immer!

Das Sorgerecht, oder juristisch korrekt die »elterliche Sorge«, steht Verheirateten automatisch von der Geburt des Kindes an gemeinsam zu. Insoweit spricht man vom gemeinsamen Sorgerecht. Das Sorgerecht erlischt automatisch mit Eintritt der Volljährigkeit des Kindes. Dann verliert ihr das Sorgerecht und eure Kinder sind vollständig für sich verantwortlich.[52] Das Sorgerecht setzt sich aus drei Teilbereichen zusammen:

1. Personensorge
2. Vermögenssorge
3. Gesetzliche Vertretung

Personensorge

Die Personensorge umfasst die wesentlichen Aufgaben der Eltern: Erfasst ist alles, was die Person des Kindes betrifft, unter anderem die Erziehung, die Pflege, die Aufsichtspflicht, das Aufenthaltsbestimmungsrecht oder auch den Umgang mit anderen Personen, zum Beispiel mit den Großeltern.

Wenn es um die Kinder geht, streiten die Eltern meist um das Aufenthaltsbestimmungsrecht. Wenn ihr im Bekanntenkreis mitbekommt, dass sich um das »Sorgerecht« gestritten wird, ist das meist ein Streit um das Aufenthaltsbestimmungsrecht. Es klärt die Frage, bei welchem Elternteil das Kind leben soll und bei welchem Elternteil es, zum Beispiel am Wochenende, zu Besuch ist.

Vermögenssorge

Die Vermögenssorge umfasst alles, was die wirtschaftlichen Angelegenheiten des Kindes betrifft. Die Eltern haben die Pflicht, das Vermögen ihrer Kinder zu erhalten, zu verwalten und bestenfalls zu vermehren, und zwar grundsätzlich unentgeltlich. Die Eltern sind dazu verpflichtet, das Vermögen ihrer Kinder nach den Grundsätzen einer wirtschaftlichen Vermögensverwaltung anzulegen. Schenkungen, durch die das Vermögen der Kinder geschmälert wird, dürfen nicht vorgenommen werden. Es existiert ein Schenkungsverbot. Sollte euer Kind von der Tante etwas erben, wie zum Beispiel Geld, dürft ihr euch im Namen des Kindes nicht einfach selbst beschenken und somit das Vermögen eurer Kinder auf euch übertragen. Es ist das Geld eurer Kinder. Für bestimmte Rechtsgeschäfte, zum Beispiel Grundstücksgeschäfte, brauchen Eltern die Genehmigung des Familiengerichts.

Gesetzliche Vertretung

Eltern vertreten ihre Kinder im Bezug zu Dritten im Rechtsverkehr. Sofern beide Eltern das gemeinsame Sorgerecht haben, vertreten sie ihr Kind gemeinschaftlich. Wer das alleinige Sorgerecht hat, vertritt das Kind allein.

Sorgerecht bei Unverheirateten

Bei Unverheirateten haben nicht automatisch beide Elternteile das Sorgerecht, sondern nur die Mutter. Wer das ändern will, muss aktiv werden: heiraten oder gemeinsam eine Sorgeerklärung beim Jugendamt abgeben, in der ihr erklärt, dass beide Elternteile das Sorgerecht ausüben wollen. Im Streitfall muss beim Gericht die gemeinsame Sorge beantragt werden.

Vom Sorgerecht zu trennen ist die Vaterschaftsanerkennung. Die Anerkennung der Vaterschaft ist relevant, wenn der leibliche Vater des Kindes nicht mit der Mutter verheiratet ist.

WICHTIG

Wer die Vaterschaft anerkennt, hat nicht automatisch das Sorgerecht.

Umgekehrt bekommt das Sorgerecht aber nur, wer rechtlicher Vater ist. Der rechtliche Vater kann durch Heirat, Anerkennung der Vaterschaft, gerichtliche Feststellung oder Adoption bestimmt werden. Heiratet ihr nach der Geburt eures Kindes und wurde zuvor die Vaterschaft nicht anerkannt, bekommen die Eltern auch nicht automatisch das gemeinsame Sorgerecht, wenn sie heiraten. Die Anerkennung der Vaterschaft muss persönlich beim Jugendamt getätigt werden. Die Mutter muss der Vaterschaftsanerkennung immer zustimmen. Stimmt sie nicht zu, muss die Vaterschaft in einem familiengerichtlichen Verfahren geklärt werden.

Bei Verheirateten gilt: Der Ehemann ist rechtlicher Vater. Das heißt: Wenn Frau verheiratet ist, aber ein Kind von einem anderen bekommt, gilt automatisch der Ehemann als rechtlicher Vater, bis eine Vaterschaftsanfechtung durch ist.

ÜBRIGENS

Bis 1961 war es so, dass das Sorgerecht für uneheliche Kinder beim Jugendamt lag, wenn die Mutter nicht verheiratet war.

Gemeinsames Sorgerecht im Fall der Scheidung

Auch nach der Trennung und der Scheidung haben weiterhin beide Elternteile das gemeinsame Sorgerecht. Das gemeinsame Sorgerecht führt im Rahmen von Trennungen zu einer Vielzahl an Konflikten und Problemen. Natürlich ist es moralisch verwerflich, und dennoch werden Streitigkeiten über die Kinder ausgetragen. Gemeinsames Sorgerecht heißt: gemeinsame Entscheidungen. Das fängt an bei der Taufe, geht weiter zu Impfungen, der Wahl der Kita, Schule und Hobbys, bis hin zur Ferien- und Freizeitplanung.

WICHTIG

Ein Umzug der Kinder ist beim gemeinsamen Sorgerecht nicht ohne die Zustimmung des anderen Elternteils möglich.

Können sich die Eltern in Angelegenheiten, die das gemeinsame Sorgerecht betreffen, nicht einigen, dann landen sie in den meisten Fällen vor Gericht. Und was soll ich euch sagen? Das will niemand selbst erleben. Sorgerechtsstreitigkeiten sind der absolute Horror. Für alle Beteiligten. Am Ende gibt es in der Regel immer nur Verlierer. Allen voran: die Kinder. Ich merke immer wieder, dass es oft die ungeklärte finanzielle Ebene ist, an der die Eltern scheitern. Nur wer die finanziellen Angelegenheiten klärt, schafft es, auf Elternebene als Team zu funktionieren und strikt zwischen Eltern- und Paarebene zu trennen. Und genau deswegen appelliere ich an dich: Schafft Klarheit, damit ihr nicht in derartige Situationen kommt. Eltern werden ist einfach. Eltern sein und bleiben nicht.

Umgang und Umgangsmodelle

Strikt vom Sorgerecht zu trennen ist der Umgang. Ein Umgangsrecht hat im Fall einer Trennung immer der Elternteil, bei dem das Kind nicht wohnt. Es existieren drei Umgangsmodelle:

1. Residenzmodell
2. Wechselmodell
3. Nestmodell

Das **Residenzmodell** ist in Deutschland das am häufigsten praktizierte Umgangsmodell. Das Kind lebt in dem Haushalt eines Elternteils und hat dort seinen Lebensmittelpunkt. Der Elternteil übernimmt die Betreuung und Erziehung des Kindes. Der andere Elternteil hat ein Umgangsrecht. Die Ausgestaltung des Umgangsrechts kann unterschiedlich sein. Umgang jedes zweite Wochenende oder aber auch noch zusätzlich weitere Tage in der Woche.

Beim **Wechselmodell** teilen sich die Eltern die Betreuung des Kindes oder der Kinder vollständig paritätisch auf. Das Wechselmodell setzt voraus, dass beide *alles* 50 : 50 machen. Das Kind wechselt in individuell festgelegten Intervallen zwischen dem Haushalten der Eltern. Nur etwa 5 bis 10 Prozent der Trennungsfamilien in Deutschland praktizieren nach Schätzungen das Wechselmodell.[53]

Beim **Nestmodell** wechseln nicht die Kinder, sondern die Eltern. Die Eltern nehmen abwechselnd die Betreuung der Kinder wahr, wobei die Kinder immer in einem Haushalt bleiben und die Eltern abwechselnd in die Wohnung/das Haus einziehen, in der die Kinder leben. Die Kinder sind somit immer in ihrer gewohnten Umgebung.

Grundsätzlich ist es die Aufgabe der Eltern, den Umgang zu gestalten und ein Modell zu finden, das zu der Lebenssituation passt. Erst wenn die Eltern im Rahmen einer Trennung keine Lösung erzielen können und auch das Jugendamt nicht weiterhelfen kann, kommt es zu einer gerichtlichen Entscheidung, in der der Umgang gerichtlich angeordnet wird.

Nachdem in der Ehe überwiegend im Modell Zuverdiener-Ehe gelebt wurde, schließt sich – mit der Trennung – das passende Modell für Geschiedene an: das Residenzmodell. Die Hauptverantwortung für die Kinder übernehmen nach einer Trennung die Mütter. Sie bestreiten den Alltag. Das Residenzmodell wird in etwa 90 Prozent der Familien gelebt. Auch wenn Väter teilweise mehr Umgang als nur jedes zweite Wochenende wahrnehmen, bleibt doch die Care-Arbeit, die Organisation, der Mental-Load und der größte Teil der Erziehung an den Frauen hängen. Die oft noch bestehenden zwischenmenschlichen Probleme zwischen den Elternteilen, die immer Auswirkungen auf die Kinder haben, bleiben zusätzlich. Von den insgesamt knapp 3 Millionen Alleinerziehenden in Deutschland im Jahr 2023 (in dieser Zahl sind auch Familien mit Kindern über 18 miteinbezogen) sind etwa 80 Prozent Mütter. Es existieren insgesamt 1,7 Mio Familien mit einem alleinerziehenden Elternteil. Davon sind rund 1,4 Mio Frauen alleinerziehend und nur 301.000 Väter.[54]

Alleinerziehende sind seit Jahren aufgrund der finanziellen Belastungen besonders stark von Altersarmut betroffen. 41 Prozent der alleinerziehenden Erwachsenen gelten als armutsgefährdet.[55] Auch die Zahlungsmoral bei den Unterhaltszahlungen ist hierbei ein entscheidender Faktor, dazu später gleich mehr.

☆ MERKE

Die Eltern können auch im Rahmen einer Elternvereinbarung (Teil des Ehevertrags) sowohl vorsorgend als auch im Rahmen der Trennung Regelungen treffen. Es gilt jedoch zu beachten, dass sämtliche Regelungen, die das Sorgerecht und die Umgangsregelungen des Kindes betreffen, nicht justiziabel sind. Das bedeutet, dass selbst für den Fall, dass ihr gemeinsam festlegt, dass im Fall einer Trennung das Kind bei der Mutter bleiben soll, dies im Streitfall nicht einklagbar wäre. Oberster Maßstab ist immer das Kindeswohl. Wenn eine Entscheidung nicht dem Kindeswohl entspricht, kann dagegen vorgegangen werden, unabhängig davon, dass ihr euch zuvor geeinigt habt.

Kindesunterhalt

Eltern sind ihren Kindern gegenüber verpflichtet, Unterhalt zu zahlen. Für die Frage, ob man Unterhalt zu zahlen hat, ist nicht das Sorgerecht entscheidend, sondern allein die Tatsache, dass ihr rechtlich Mutter und Vater seid. Grundsätzlich existieren zwei Formen von Unterhaltsleistungen:

1. Barunterhalt (Elementarunterhalt) = Unterhalt in Geld
2. Naturalunterhalt = Betreuung und Versorgung

Eltern sind ihren Kinder gegenüber unterhaltspflichtig, bis diese eine Berufsausbildung abgeschlossen haben. Eltern schulden ihren Kindern eine ordnungsgemäße vollständige berufliche Ausbildung (Studium oder Ausbildung). Während der Ehe hat ein Kind gegen beide

Eltern einen Unterhaltsanspruch. Probleme entstehen, wenn sich die Eltern trennen. Gestritten wird sodann um den Barunterhalt und auch um den Sonder- und Mehrbedarf. Ob und wie viel zu zahlen ist, richtet sich auch immer nach dem praktizierten Umgangsmodell.

WICHTIG

Derjenige, bei dem das Kind lebt und aufwächst, ist der betreuende Elternteil. Dieser leistet Naturalunterhalt. Er schuldet keinen zusätzlichen Barunterhalt. Der andere Elternteil ist der nicht betreuende Elternteil. Dieser muss jeden Monat, im Voraus, einen Barunterhalt zahlen. Der im Volksmund bekannte Kindesunterhalt.

Vom Barunterhalt gedeckt sind: Miete, Essen, Trinken, Kleidung, Schulsachen (Bücher, Arbeitsmaterialien, Taschenrechner, aber auch der Tornister, teilweise auch Klassenfahrten), Hobbys und andere Freizeitaktivitäten, der Führerschein und die Semesterbeiträge.

Beachte: Wenn die Kinder im Wechselmodell leben, wird grundsätzlich kein Barunterhalt gezahlt. Da die Kinder abwechselnd bei den Eltern leben, werden hier beide gleichermaßen mit den Lebenshaltungskosten des Kindes belastet. Anders ist das, wenn es größere Einkommensunterschiede bei den Eltern gibt, sogenannter Kinderausgleichsbetrag. Dieser muss geltend gemacht werden. Teilweise wird in der Praxis versucht, das Wechselmodell zu erstreiten, um so Unterhalt zu sparen. Wenn in der Ehe keine paritätische Teilung der Kinderbetreuung erfolgte, in der Trennung diese aber eingefordert wird, liegt der Verdacht nahe, dass das Wechselmodell nicht aus Kindeswohlgesichtspunkten gewünscht ist.

Der Unterhaltsanspruch ist ein Anspruch des Kindes. Der betreuende Elternteil muss diesen im Notfall, in Vertretung des minderjährigen Kindes, gegen den anderen Elternteil geltend machen. Wenn das Kind volljährig ist, dann muss das Kind den Anspruch selbst geltend machen, auch wenn das Kind noch weiterhin bei dem ursprünglich betreuenden Elternteil wohnt. Der Kindesunterhalt ist ein Vorwegabzugsposten. Das heißt, dass dieser immer vorrangig vor allen anderen Unterhaltsverpflichtungen zu zahlen ist.

Wie wird der Kindesunterhalt berechnet?

Die Höhe des Kindesunterhalts richtet sich nach der **Düsseldorfer Tabelle** und ist von dem Nettoeinkommen des Unterhaltspflichtigen und dem Alter der Kinder abhängig. Es spielt grundsätzlich keine Rolle, wie viel der Elternteil verdient, bei dem das Kind lebt. Die Düsseldorfer Tabelle ist kein Gesetz, sondern eine Leitlinie für die Berechnung des Kindesunterhalts. Sie dient in der Praxis als bundesweit allgemeine Richtlinie für die Berechnung des Kindesunterhalts. Sie enthält Mindestbeträge, mit denen der Lebensbedarf des Kindes gedeckt werden soll. Der Mindestunterhalt in der ersten Einkommensstufe (bis zu einem Nettoeinkommen bis zu 2.100 Euro des Unterhaltspflichtigen) beträgt im Jahr 2024 für Kinder von:

MINDESTUNTERHALT (NICHT DER ZAHLBETRAG!)			
0–5 Jahre	6–11 Jahre	12–17 Jahre	ab 18 Jahre
480 €	551 €	645 €	689 €

Die Mindestunterhaltsbeträge sind auf der ersten Seite der Düsseldorfer Tabelle zu finden. Insgesamt existieren 15 Einkommensstufen. Je nach Alter und Einkommensgruppe erhöhen sich die Mindestunterhaltsbeträge. Die in der Tabelle enthaltenen Beträge sind »Mindestbeträge«. Sie ermöglichen kein Luxusleben, auch wenn immer gern wieder in der Praxis behauptet wird, die Frauen würden davon ihre Nägel schön machen oder shoppen gehen. Die Tabelle hat keinen linearen Verlauf. Besserverdienende werden entsprechend ihrer Einkommensverhältnisse nicht so stark belastet und müssen prozentual gesehen weniger von ihrem Einkommen abgeben als weniger gut Verdienende.

Beispiel: Bei einem Einkommen von 2.100 Euro muss der Zahlungspflichtige 480 Euro Kindesunterhalt für ein 5-jähriges Kind zahlen. Bei einem doppelt so hohen Einkommen von 4.200 Euro beträgt der Mindestunterhalt aber nicht doppelt so viel, also 960 Euro, sondern 653 Euro.

Natürlich könnte man argumentieren, dass der Unterhalt eines jeden Kindes grundsätzlich gleich viel Geld kostet. Allerdings sind die wirtschaftlichen Verhältnisse der Eltern auch für die Unterhaltsbeträge mit ausschlaggebend. Übrigens kostet der Kita-Platz eines Kindes, dessen Eltern mehr verdienen, auch mehr.

Wenn das Kind während glücklicher Ehe zum Beispiel auf eine teure Privatschule gegangen ist und Reitunterricht bekommen hat, könnten diese Dinge mit dem geringen Kindesunterhalt unter Umständen nicht mehr für nur ein Elternteil finanziell machbar sein. Letztlich würde das Kind leiden, wenn es die Schule wechseln und sein Hobby aufgeben müsste. Gerade in guten bis sehr guten Einkommensverhältnissen sollte darüber nachgedacht werden, eine individuelle Anpassung vorzunehmen. Auch hier gilt der Grundsatz, dass es letztlich nur fair ist, wenn das Kind auch entsprechend von guten Einkommensverhältnissen profitiert. Der Lebensstil der Eheleute ist auch für die Kinder prägend.

Von den Mindestunterhaltsbeträgen wird die Hälfte des Kindergeldes abgezogen. Die Unterhaltsleistungen in Form von Barunterhalt und

Naturalunterhalt durch den betreuenden Elternteil sind als gleichwertig anzusehen und dadurch steht beiden Elternteilen die Hälfte des Kindergeldes zu. Das Kindergeld beträgt aktuell 250 Euro pro Kind, sodass jedem Elternteil 125 Euro zustehen. Das ergibt den sogenannten Zahlbetrag. **Der Zahlbetrag ist der Betrag, der letztlich überwiesen werden muss**. Entsprechend ergeben sich die folgenden Zahlbeträge (Zahlbeträge sind auf der letzten Seite der Düsseldorfer Tabelle zu finden):

ZAHLBETRAG			
0–5 Jahre	6–11 Jahre	12–17 Jahre	ab 18 Jahre
355€	426€	520€	564€

Unterhalt für Sonder- und Mehrbedarf des Kindes

Neben dem Barunterhalt, also dem Unterhalt, der einem nach der Düsseldorfer Tabelle für das Kind zur Deckung des »normalen« Lebensbedarfs zusteht, existieren noch Sonder- und Mehrbedarf. Von dem Mehr- und Sonderbedarf werden Kosten erfasst, die über den »normalen« Unterhalt hinausgehen.

Mehrbedarf sind Mehrausgaben, die regelmäßig wiederkehren oder vorhersehbar sind, jedoch über den normalen Lebensbedarf hinausgehen. Das sind zum Beispiel Kosten für besondere Hobbys, Kosten für regelmäßige wöchentliche Nachhilfe, Privatschulen, Internat, Auslandsaufenthalt, Therapiekosten, Mehrkosten für spezielle Ernährung usw.

Sonderbedarf sind Ausgaben, die außergewöhnlich und unvorhersehbar sind, die über den laufenden Lebensbedarf hinausgehen und unregelmäßig anfallen. Beispielsweise Zahnspange, Brille, unerwartete medizinische Behandlungen, teilweise auch Klassenfahrten.

Sonder- und Mehrbedarf sollen die Eltern jeweils anteilig entsprechend ihrer Einkommenssituation übernehmen. Oft wird darüber gestritten, ob etwas zum normalen Kindesunterhalt gehört oder in den Sonder- und Mehrbedarf fällt. Nicht alles wurde bisher von der Rechtsprechung entschieden. Vorgenommene Kategorisierungen sind in manchen Punkten nicht immer nachvollziehbar und werden teilweise als ungerecht empfunden. Deswegen sollte sich das Ehepaar über diese Dinge im Vorfeld Gedanken machen, wie sie mit gewissen Kosten, die im Lauf des Lebens ihrer Kinder anfallen werden, umgehen wollen.

So ist der Erwerb von Schulsachen, insbesondere des Tornisters/Schulranzens vom normalen Barunterhalt, der laut der Düsseldorfer Tabelle zu zahlen ist, mit abgedeckt. Das Gleiche gilt in vielen Fällen auch mittlerweile für Klassenfahrten und Hobbys und auch für den Führerschein. Hier können die Eheleute regeln, dass sie solche Kosten, unabhängig von der Kategorisierung, jeweils zu einem Anteil (Quote) übernehmen.

Auch eine Vereinbarung, dass Kinder in der Entscheidung ihrer Hobbys frei sein sollen, sodass die Kosten der Hobbys inklusive der dazugehörigen Ausrüstungen in einem angemessenen Rahmen, wie es bereits in der Ehe üblich war, geteilt werden, ist ratsam. Ebenfalls können Regelungen bezüglich Privatschulen, privatem Kindergarten oder auch in Bezug auf die private Krankenkasse eines Kindes getroffen und festgeschrieben werden.

In der Praxis zeigt sich, dass oft eine große Diskrepanz zwischen dem besteht, was in der Ehe zwischen den Eheleuten als »normal« galt, und dem, was im Rahmen einer Trennung als »normal« empfunden wird. Aus der Erfahrung heraus lässt sich sagen, dass in der Ehe meist andere, höhere Maßstäbe gelten als nach der Scheidung. Ja, leider auch in Bezug auf die Kinder.

☆ MERKE

Der Unterhaltspflichtige ist verpflichtet, alles in seiner Macht Stehende zu tun, um den Mindestunterhalt zu zahlen. Es besteht insoweit eine sogenannte gesteigerte Erwerbsobliegenheit.

Das bedeutet konkret, dass der Unterhaltspflichtige sich intensiv um einen Arbeitsplatz kümmern muss. Ein Wechsel des Arbeitgebers, des Wohnorts oder sogar des Berufs muss dafür in Kauf genommen werden. Ebenfalls ist dem Unterhaltspflichtigen die Aufnahme einer Nebentätigkeit zumutbar. Insgesamt ist eine Gesamtbelastung von 48 Arbeitsstunden[56] zumutbar.

Die Unterhaltsverpflichtung besteht gegenüber minderjährigen und sogenannten privilegierten volljährigen Kindern (bis zur Vollendung des 21. Lebensjahres, solange sie in dem Haushalt eines Elternteils leben und sich in einer Schulausbildung befinden). Dem Unterhaltspflichtigen steht immer ein sogenannter Selbstbehalt zu. Die genaue Höhe ist unterschiedlich, je nachdem ob der Unterhaltspflichtige erwerbstätig ist oder nicht und ob das Kind volljährig ist oder nicht. Die genauen Beträge sind der Düsseldorfer Tabelle zu entnehmen.

Ab der Volljährigkeit müssen beide getrenntlebenden Elternteile für ihr Kind finanziell aufkommen, jeweils anteilig gemäß ihrem Einkommen, und zwar unabhängig davon, wo das Kind lebt. Kindesunterhalt nicht zu zahlen, ist kein Kavaliersdelikt, sondern eine Straftat.[57]

So weit die Theorie. Die Praxis gestaltet sich leider ein wenig anders. Nach den Ergebnissen einer Studie des Deutschen Jugendinstituts bekommen Alleinerziehende in 50 Prozent der Fälle gar keinen Unterhalt vom anderen Elternteil gezahlt. In weiteren 25 Prozent der Fälle wird zu wenig Unterhalt gezahlt.[58] Alleinerziehende erhalten zwar, wenn der andere nicht zahlt, den Unterhaltsvorschuss (eine staatliche Leistung für Alleinerziehende, wenn der andere Elternteil nicht zahlt), allerdings entspricht dieser nicht dem vollen Mindestunterhalt, da hier nicht die Hälfte des Kindergeldes, sondern das volle Kindergeld abgezogen wird, sodass der Auszahlungsbetrag geringer ist als der Mindestunterhalt.

	0–5 JAHRE	6–11 JAHRE	12–17 JAHRE	AB 18 JAHREN
Betrag, den der andere Elternteil zahlen müsste:				
	355€	426€	520€	564€
Unterhaltsvorschuss:				
	230€	301€	395€	0€

Außerdem haben nicht alle Alleinerziehenden einen Anspruch auf Unterhaltsvorschuss. Nur etwa ein Drittel aller Kinder in alleinerziehenden Familien erhalten Unterhaltsvorschuss.[59]

Zusammenfassend kann man sagen: Väter zahlen oft nicht. Das muss sich Frau vor Augen führen und bewusst machen. Im Trennungsfall besteht allein statistisch eine hohe Wahrscheinlichkeit, alleinerziehend zu werden und mit zu wenig Unterhalt auskommen zu müssen. In der Praxis hier seine Rechte durchzusetzen, ist ein Graus. Verfahren dauern lange. Selbst wenn man vor Gericht erfolgreich den Unterhalt eingeklagt hat, heißt das noch lange nicht, dass der Ex auch zahlt. Ebenfalls existieren Fälle, wo Unterhalt bewusst nicht eingefordert wird. Viele Betroffene kennen ihre Rechte nicht, trauen sich nicht, diese durchzusetzen oder wollen schlicht keine langwierigen gerichtlichen Auseinandersetzungen mit dem Ex. Das kann fatale Konsequenzen haben. Wer längere Zeit nicht den Kindesunterhalt einfordert (das gilt auch für alle anderen Unterhaltsformen) kann das Recht auf Unterhalt verwirkt haben.

Sorgerechtsverfügung

Die Sorgerechtsverfügung ist euer letzter Wille in Bezug auf euer minderjähriges Kind. Die Sorgerechtsverfügung ist damit ein wichtiger Bestandteil eurer Nachfolgeplanung. Die Verfügung ermöglicht es euch, die Bedürfnisse und Interessen eurer Kinder im Fall eines tragischen Ereignisses zu wahren. Spätestens mit der Geburt eines Kindes sollten alle Eltern eine solche verfassen. Ihr legt in der Sorgerechtsverfügung fest, wer das Sorgerecht übernehmen soll, wenn euch beiden etwas passiert. Klassisches Beispiel ist der Autounfall, bei dem beide Elternteile versterben. Wenn einem Elternteil etwas passiert, geht das Sorgerecht immer automatisch auf den anderen Sorgeberechtigten über. Aber was ist, wenn euch beiden etwas passiert?

Ein falscher und fataler Irrglaube ist, dass das Sorgerecht automatisch auf nahestehende Verwandte, zum Beispiel die Großeltern oder die Paten der Kinder, übergeht, wenn die sorgeberechtigten Eltern versterben. Sollte euch etwas passieren und ihr habt keine Sorgerechtsverfügung verfasst, wird euer Kind erst einmal in staatliche Obhut genommen und das Gericht bestimmt einen Vormund. In einer Sorgerechtsverfügung bestimmt ihr, wen das Gericht als Vormund bestellen soll. Ihr wählt die Person aus, der ihr vertraut und der ihr euer Kind guten Gewissens überlassen wollt. Begründet eure Entscheidung. Ihr könnt auch festlegen, wer auf keinen Fall als Vormund für euer Kind eingesetzt werden soll (Negativverfügung). Das bitte auch begründen. Es ist immer ratsam, mindestens eine Ersatzperson zu benennen. Es kann immer sein, dass die von euch ausgewählte Person erkrankt oder andere Gründe vorliegen, die die Übernahme des Sorgerechts nicht möglich machen. Denkt daran, keiner ist verpflichtet, aufgrund eurer Verfügung das Sorgerecht für eure Kinder zu übernehmen. Jeder hat das Recht, diese Verantwortung abzulehnen. Darum sprecht zuvor mit der Person und fragt sie, ob sie einverstanden ist, und benennt für den Notfall die Ersatzperson(en).[60]

Eheleute können, sofern sie sich einig sind, zusammen eine Sorgerechtsverfügung erstellen. Wenn sich das Ehepaar nicht auf eine Person einigen kann, müssen sie getrennte Sorgerechtsverfügungen erstellen. (Auch wenn die Eltern beide das Sorgerecht haben, aber nicht verheiratet sind, muss jeder eine eigene Sorgerechtsverfügung erstellen.) Es gilt immer die Sorgerechtsverfügung des länger lebenden Sorgeberechtigten. Falls ihr die Sorgerechtsverfügung zu Hause selbst erstellt, dann muss sie im Notfall sofort auffindbar sein. Bewahrt sie also an einem sicheren Ort auf oder gebt das Original direkt der von euch ausgewählten Person, damit diese sofort die Zugriffsmöglichkeiten hat.

Das Familiengericht ist an die Sorgerechtsverfügung gebunden, außer es bestehen Anhaltspunkte dafür, dass die ausgewählte Person als Vormund ungeeignet ist. Eine andere Entscheidung kann das Gericht nur treffen, wenn zum Beispiel die Auswahl nicht mit dem Kindeswohl vereinbar ist, oder wenn die benannte Person krank ist. Sollen Großeltern als Vormund eingesetzt werden, existiert zwar keine starre Altersgrenze, allerdings ist immer der Gesamtzustand der Person mitzuberücksichtigen und auch das Alter der Kinder. Es gibt zwei Möglichkeiten, die Sorgerechtsverfügung zu erstellen:

1. Bestimmung des Vormunds im notariellen Testament.
2. Ihr erstellt sie selbst mit Stift und Papier.

☆ MERKE

Die Sorgerechtsverfügung muss – genau wie ein Testament – eigenhändig geschrieben und unterschrieben werden. Ihr dürft also nicht ein Dokument am PC erstellen, ausdrucken und unterschreiben. Die Sorgerechtsverfügung hat kein Verfallsdatum. Spätestens mit Eintritt der Volljährigkeit wird diese jedoch unwirksam, da die Eltern ab Eintritt der Volljährigkeit das Sorgerecht automatisch nicht mehr haben.

Habt ihr ein volljähriges Kind, sollte euch euer Kind auch eine Vorsorgevollmacht (→ Seite 83) erteilen, wenn ihr weiterhin für das Kind handeln sollt.

Elterngeld

Das Elterngeld dient dazu, Familien finanziell zu unterstützen und den Eltern die Möglichkeit zu schaffen, in den ersten Monaten nach der Geburt die Zeit zu Hause bei ihrem Kind zu bleiben. Seit dem 01. April 2024 gilt das neue Bundeselterngeld- und Elternzeitgesetz. Trotz zahlreicher Forderungen, das Elterngeld aufgrund gestiegener Lebenshaltungskosten zu erhöhen, ist das Elterngeld in seiner Höhe seit der Einführung im Jahr 2007 unverändert.

Grundsätzlich haben Eltern bei der Geburt des Kindes einen Anspruch auf 36 Monate Elternzeit. Das Elterngeld gibt es in den Varianten Basiselterngeld, ElterngeldPlus und Partnerschaftsbonus. Diese können auch miteinander kombiniert werden. Auch getrennt lebenden Eltern steht das Elterngeld zu. Es ist den Eltern überlassen, ob sie die

Elternzeit gemeinsam oder getrennt nehmen. Elterngeld wird in der Elternzeit maximal 14 Monate gezahlt. Durch den Partnerschaftsbonus kann das Elterngeld verlängert werden.

Der Antrag auf Elterngeld kann erst nach der Geburt des Kindes gestellt werden. Zu beachten ist, dass Elterngeld innerhalb der ersten 14 Lebensmonate des Kindes geltend gemacht werden muss. Rückwirkend können drei Monate Elterngeld gezahlt werden.

Basiselterngeld

Das Basiselterngeld (BEG) soll Einkommensdefizite junger Familien ausgleichen und ist als Einkommensersatz für den Elternteil gedacht, der die Kinderbetreuung übernimmt. Den Eltern stehen gemeinsam maximal 14 Monate BEG zu, wenn sich beide um die Betreuung ihres Kindes kümmern und beiden Elternteilen somit Einkommen wegfällt. Die Monate können die Eltern untereinander aufteilen. Dabei kann der eine maximal zwölf Monate und der andere mindestens zwei Monate, das sind die sogenannten Partnermonate,[61] das BEG in Anspruch nehmen. Hierbei spricht man vom 12 + 2-Modell. Wer dieses Modell in Anspruch nehmen will, der muss tatsächlich beide Partnermonate nehmen. Es ist nicht möglich, nur einen Monat zu nehmen. Beantragt nur einer von euch das BEG, steht diesem als Ausgleich zum Einkommensverlust maximal 12 Monate BEG zu.

Das BEG ist einkommensabhängig und beträgt 65 bis 100 Prozent des früheren Nettomonatseinkommens. Maßgeblich sind die letzten 12 Monate vor der Geburt des Kindes. Das BEG beträgt mindestens 300 Euro bis maximal 1.800 Euro pro Monat. Wenn Frau in Mutterschutz geht und in den ersten beiden Monaten Mutterschutzgeld[62] bezieht, werden diese Zahlungen zu 100 Prozent mit dem BEG verrechnet. Die Mutter wird also so gestellt, als wenn sie in den ersten beiden Monaten BEG bekommen würde.

Das BEG wird maximal bis zur Vollendung des 14. Lebensmonats des Kindes gezahlt. Danach haben die Eltern nur noch die Möglichkeit, ElterngeldPlus und den Partnerschaftsbonus zu beziehen.

ElterngeldPlus

Mit dem EltergeldPlus[63] (EG+) können die Eltern das Elterngeld flexibler und insgesamt länger beziehen. Damit werden insbesondere die Eltern unterstützt, die bereits während des Elterngeldbezugs wieder in Teilzeit arbeiten gehen. EG+ kann nehmen, wer in Teilzeit arbeitet, oder wer mit dem Bezug von EG+ die Elternzeit strecken will. Die Bezugsdauer verdoppelt sich. Der monatliche Auszahlungsbetrag wird halbiert. Ein Monat BEG kann somit in 2 Monate EG+ umgewandelt werden. Damit steht mehr freie Zeit zur Verfügung, allerdings erhält man auch weniger Geld pro Monat. Im Rahmen des EG+ darf auch hinzuverdient werden (Maximal 32 Stunden in Teilzeit). Die Höhe des Zuverdienstes muss individuell berechnet werden.

Mit dem EG+ kann auch noch über den 14. Lebensmonat hinaus Elterngeld bezogen werden. Ab dem 15. Lebensmonat *muss* zwingend EG+ beantragt werden. Das EG+ kann bis maximal zur Vollendung des 32. Lebensmonats des Kindes bezogen werden. BEG und das EG+ können kombiniert[64] werden. Durch die hundertprozentige Verrechnung von Mutterschaftsleistungen und BEG kann die Frau die ersten zwei Monate nicht in EG+ umwandeln.

Partnerschaftsbonus

Zusätzlich existiert auch noch der sogenannte Partnerschaftsbonus.[65] Durch diesen können beide Elternteile jeweils bis zu vier weitere Monate EG+ beziehen. Voraussetzung ist, dass, wenn der Partnerschaftsbonus gleichzeitig von beiden Elternteilen genutzt wird, er von beiden

Elternteilen für mindestens zwei und maximal vier Lebensmonate beantragt wird, wobei die Lebensmonate direkt aufeinanderfolgen müssen, und beide Elternteile in Teilzeit arbeiten (mindestens 24 und maximal 32 Stunden pro Woche).[66] Der Partnerschaftsbonus beträgt pro Elternteil zwischen 150 Euro und 900 Euro.

Wichtige Änderungen beim Elterngeld

Die Höhe des Elterngeldes richtet sich nach der Höhe des Jahresnettoeinkommens der Eltern. Das zu versteuernde Einkommen wird vom Finanzamt berechnet und ihr findet es im Steuerbescheid. Ab einem bestimmten Jahresnettoeinkommen bekommen Eltern kein Elterngeld mehr. Diese Regelung ist geblieben. Allerdings wurden die Einkommensgrenzen deutlich nach unten verschoben.

Für alle, die ab dem 1. April 2024 Eltern geworden sind, gilt: Wer in dem Jahr vor der Geburt des Kindes über ein zu versteuerndes Einkommen von > als 200.000 Euro[67] verfügt, bekommt kein Elterngeld mehr. Diese Einkommensgrenze gilt sowohl für Paare als auch für Alleinerziehende. Ab dem 1. April 2025 gilt eine Einkommensgrenze von 175.000 Euro. Für die Einkommensgrenze gilt der Tag der Geburt eures Kindes als maßgeblich. Es gelten die regelmäßig erzielten Einkünfte des vergangenen Jahres des Paares.

BIS 31. MÄRZ 2024	AB 1. APRIL 2024	AB 1. APRIL 2025
300.000 €[68] für Paare 250.000 € für Alleinerziehende	200.000 € für Paare & Alleinerziehende	175.000 € für Paare & Alleinerziehende

Die zweite wichtige Änderung seit dem 1. April 2024 für *alle* lautet: Beide Elternteile können nur noch einen Monat lang parallel BEG beziehen, und das auch nur in dem ersten 12 Lebensmonaten des Kindes. Die Einschränkung des Parallelbezugs bedeutet unter anderem, dass viele Eltern faktisch nicht mehr zwei Monate, sondern lediglich einen Monat gemeinsam in Elternzeit gehen können, da nur ein Monat finanziell ausgeglichen wird. Natürlich können Eltern auch noch weiterhin zwei Monate nach der Geburt gemeinsam zu Hause sein, aber es wird eben nur noch ein Monat voll bezahlt. Den anderen Monat muss EG+, was der Hälfte des Basiselterngeldes entspricht, genommen werden. Oder eben unbezahlte Elternzeit.

Es gibt auch Ausnahmefälle, die von der Einschränkung des Parallelbezugs des BEG nicht betroffen sind. Diese greifen zum Beispiel bei Frühgeburten oder bei Kindern mit Behinderung.

Elterngeld auf einen Blick

Basiselterngeld

- Mindestens zwei Monate, maximal 12 Monate.
- Mit »Partnermonaten« maximal 14 Monate. Wenn beide Elternteile Elterngeld beantragen.
- Basiselterngeld endet in jedem Fall nach dem 14. Lebensmonat.

Gleichzeitiger Bezug von Basiselterngeld (Neuregelung Parallelbezug ab 1. April 2024):

- Maximal für einen Monat innerhalb der ersten 12 Lebensmonate des Kindes.
- Ab dem 13. Lebensmonat ist der Parallelbezug von Basiselterngeld NICHT möglich.
- Basiselterngeld kann weiterhin grundsätzlich bis zum 14. Lebensmonat des Kindes bezogen werden, wenn beide Elterngeld beantragen und einer der Elternteile weniger Einkommen hat als davor.

ElterngeldPlus

- Doppelt so lange wie Basiselterngeld.
- 1 Monat Basiselterngeld = 2 Monate ElterngeldPlus.
- Kann mit dem Basiselterngeld kombiniert werden.
- Ab dem 15. Lebensmonat nur noch ElterngeldPlus oder Partnerschaftsbonus.
- Maximal bis zum 32. Lebensmonat (also, wenn Kind 2 Jahre und 8 Monate alt ist).

Partnerschaftsbonus

- Pro Elternteil jeweils 4 Monate zusätzlich ElterngeldPlus.
- Wenn beide parallel in Teilzeit arbeiten.

WICHTIG

Ihr müsst auch das Thema Krankenversicherung in der Elternzeit im Blick haben. Der Grundsatz lautet: Durch die Elternzeit ändert sich nichts an der Art, wie ihr krankenversichert seid. Ihr bleibt in der Elternzeit so versichert wie vorher.

Wer privat versichert ist, muss die regulären Beiträge der PKV und einen etwaigen Arbeitgeberanteil ab Beginn des Mutterschutzes und in Elternzeit selbst zahlen. Zwar gibt es für Privatversicherte meist einen Zuschlag beim Elterngeld, allerdings nicht, wenn sowieso schon der Höchstsatz gezahlt wird.

Die, die freiwillig gesetzlich versichert sind, müssen daran denken, dass in der Elternzeit mindestens der Mindestbeitrag zur freiwilligen gesetzlichen Krankenversicherung zu zahlen ist.[69] Er beträgt ca. 220 bis 230 Euro pro Monat (inkl. Pflegeversicherung). Wer in Teilzeit in Elternzeit arbeiten geht, ist dazu verpflichtet, die vollen Beiträge zu zahlen.

Achtung: Ist die Mutter freiwillig gesetzlich versichert und der Vater privat (oder auch Beihilfe, bei Beamten), dann wird für die Berechnung der Versicherungsbeiträge der Frau auch das Einkommen des Mannes herangezogen.[70] Auch gut zu wissen: Wer privat krankenversichert oder in einer Familienversicherung versichert ist, bekommt keine Lohnfortzahlung bei Kinderkrankentagen.

DER EHEVERTRAG

DAS MUST-HAVE UNSERER ZEIT

§

Keiner will einen Ehevertrag, aber jeder sollte einen haben

Ich bin davon überzeugt, dass alle, die heiraten, einen individuellen **Ehevertrag** haben sollten. Die, die nicht heiraten, aber zusammenleben wollen, brauchen einen **Partnerschaftsvertrag**.

Ein Ehevertrag ist ein rechtliches Dokument, in dem ihr alle eure Angelegenheiten finanzieller und rechtlicher Art vollumfänglich regeln könnt. Der Ehevertrag kann Regelungen für euer Leben während bestehender Ehe, aber auch für den Fall einer Scheidung enthalten. Er ist eure Verfassung. Mit einem Ehevertrag bestimmt ihr die Spielregeln für eure Ehe und was geregelt werden soll und was nicht.

Auch eine **Scheidungsfolgenvereinbarung** ist ein Ehevertrag, genauer gesagt der Ehevertrag für die konkret beabsichtigte Scheidung. In diesem Vertrag werden die Scheidungsfolgen, wie Unterhalt, und Hausratsaufteilung noch während der Ehe geregelt.

Der Ehevertrag ist viel mehr als ein rechtliches Dokument: Er ist deine Versicherung. Hier gilt wie bei allen Versicherungen: Haben ist immer besser als brauchen! Die Hochzeit schafft, ob ihr wollt oder nicht, rechtliche Bindungen.

Fakt ist, eine Scheidung kann jeden treffen. Auch ein Ehevertrag schützt euch nicht davor. Er kann aber eine Scheidung vereinfachen und streitige Punkte im Vorhinein klären, sodass eine mögliche Scheidung nicht im Drama enden muss. Jede Dritte von euch, die heute Zeit, Kosten und Mühen scheut, wird das irgendwann bitter bereuen und – sehr wahrscheinlich – einen hohen Preis zahlen.

ICH WIEDERHOLE MICH GERN:
EINE SCHEIDUNG IST BRUTAL.

Keiner kann sich anfangs vorstellen, gegen den anderen einen Rosenkrieg zu führen. Doch verletzter Stolz, Wut und Eifersucht lassen den Ex plötzlich in einem ganz anderen Licht erscheinen. Jeder weiß, wo er den anderen am besten treffen kann. Bedenkt auch, dass das Gerechtigkeitsempfinden vor beziehungsweise in der Ehe ein anderes ist als nachher. Jeder hat unterschiedliche Ansichten, wer wie viel gegeben und genommen hat.

Blendet diese Dinge zum Zeitpunkt vor eurer Ehe nicht aus. Das Verschließen der Augen vor diesem Szenario ist nicht der Garant dafür, dass es dich nicht trifft. Es ist aber der Garant dafür, dass du in einer solchen Situation überrollt wirst.

FUNFACT

Der Begriff »Rosenkrieg« stammt aus der englischen Geschichte. Die zwei rivalisierenden Adelshäuser Lancaster und York führten 32 Jahre lang Krieg gegeneinander: »War of Roses«. Die rote Rose war das Symbol des Hauses Lancaster, die weiße Rose des Hauses York. 32 Jahre sind bei einer Scheidung vielleicht ein bisschen übertrieben. Eine streitige Scheidung kann aber durchaus auch mal 5 bis 8 Jahre dauern.

Der Ehevertrag und sein schlechtes Image

Eheverträge sind böse und ein schlechtes Omen. Ich glaube, auch du hast mindestens eines der nachfolgenden Vorurteile schon einmal gehört:

- »Die Heirat mit Ehevertrag ist keine Heirat aus Liebe.«
- »Ein Ehevertrag bedeutet, sich nicht zu vertrauen.«
- »Wer mit Ehevertrag heiratet, glaubt selbst nicht daran, dass die Ehe hält.«

- »Eheverträge sind nur für Reiche und Prominente.«
- »Eheverträge benachteiligen immer den wirtschaftlich Schwächeren.«
- »Wer einen Ehevertrag fordert, ist geldgierig.«

Liebe ist kein Argument. Das haben wir bereits festgestellt. Denn: Jede Ehe ist ein Vertrag namens Zugewinngemeinschaft. Vertrauen ist ein wichtiger Punkt. Die Ehe wird noch immer auf Lebzeiten geschlossen. Verpflichtungen gehen über die Ehe hinaus. Gerade weil ihr euch vertraut, sollten beide offen sein und faire Regelungen finden, die für euch auch nach der Ehe vertretbar sind. Und auch wenn du deinem Partner vertraust, denk immer daran: Gesetze können sich jederzeit ändern. Das hat nichts mit euch als Paar zu tun. Auch wenn ihr an eure Ehe glaubt, die Statistik lügt nicht. Jede dritte Ehe scheitert hierzulande. Auch wenn man sich im Guten trennt, kann es schwierig werden, ein über Jahre gemeinsam gelebtes Leben auseinanderzudividieren. Dein Ehevertrag ist deine Risikolebensversicherung. Diese schließt du auch nicht ab, weil du glaubst, dass du morgen stirbst, oder?

Reiche und Prominente haben sicherlich einen Ehevertrag – schließlich haben sie viel zu verlieren und lassen sich gut beraten. Es gilt jedoch: Jeder, der sich in der Ehe zusammen etwas aufbaut, ob eine Familie oder ein gemeinsames Unternehmen, muss Vorsorge treffen. Je mehr Vermögen vorhanden ist, desto wichtiger ist das. Noch dringender braucht einen Ehevertrag aber diejenige, die durch die gelebte familiäre Rollenteilung Nachteile im Beruf hingenommen hat. Der richtige Ehevertrag kann sie absichern und Nachteile ausgleichen.

Viele der genannten Vorurteile sind der Grund, warum Eheleute keine Eheverträge abschließen. Die Aufklärung in diesem Bereich fehlt. Keiner weiß etwas, aber die Vorurteile kennt jeder. Mittlerweile gewinnen Eheverträge zwar an Popularität, dennoch bleiben sie die Ausnahme. Konkrete Zahlen, wie viele Menschen mit Eheverträgen heiraten, existieren nicht. Das wäre doch mal eine interessante Frage, die WeddyPlace in ihre Befragung mit aufnehmen könnte.

Ehevertrag »unsexy«

Das Image des Ehevertrags in unserer Gesellschaft ist also schlecht. Auch wenn wir die Vorurteile widerlegt haben, wird es wohl noch einige Zeit dauern, diese vollständig zu eliminieren. Hintergrund ist der, dass in der Vergangenheit – das kann ich auch als Befürworterin des Ehevertrags nicht leugnen – Eheverträge tatsächlich standardmäßig von Männern, sorry to say, *missbraucht* wurden und den finanziell Schwächeren, die Frau, benachteiligt haben. Gern haben auch wohlhabende Familien auf einen Ehevertrag zum Schutz des Familienvermögens bestanden.

FUNFACT

Früher gab es für Frau dann aber ein sogenanntes »Nadelgeld«. Hierbei handelt es sich um eine Art ehevertraglich zugesichertes Taschengeld, das die Frau für ihre Hobbys, das Nähen und Stricken (mehr gab es ja meistens nicht), ausgeben konnte.

Kurz und knapp: Ja, es gibt Eheverträge, die wirklich unsexy sind und die Frau einfach *niemals* unterschreiben sollte. Eheverträge, die ich als unsexy betiteln würde, haben oft folgende Regelungen zum Inhalt:

1. Gütertrennung
2. Ausschluss der Zugewinngemeinschaft
3. Ausschluss des Versorgungsausgleichs
4. Ausschluss des nachehelichen Unterhalts / Beschränkung des nachehelichen Unterhalts

Falls dir ein Ehevertrag vorgelegt wird, in dem du von diesen Punkten etwas liest, dann ist das kein Ehevertrag, der dich absichert. Typisches Argument, dir einen solchen Ehevertrag schmackhaft zu machen, sind Aussagen wie: »Schatz, das ist Vorschrift der Firma und ich will nicht, dass du haftest, wenn die Firma pleite geht.«

Wenn alle Regelungen, die der Gesetzgeber für Ehepartner vorgesehen hat, in einem Ehevertrag zusammen ausgeschlossen werden, (wie der Ausschluss des Zugewinnausgleichsanspruch, Versorgungsausgleich und nachehelicher Unterhalt) spricht man von einem sogenannten Totalverzicht. Dabei bekommst du nichts. Du hast mit deiner Unterschrift auf alle vom Gesetzgeber eingeführten Kompensationsansprüche vollständig verzichtet.

Die schlaue Leserin könnte jetzt einwenden, dass solche Verträge doch unwirksam seien. Ja, es gibt unwirksame Eheverträge, die der BGH auch als solche bezeichnet. Aber: Es gibt auch ganz viele Verträge, die es nicht über die Schwelle der Unwirksamkeit schaffen. Das ist leider immer häufiger der Fall (zur Unwirksamkeit später mehr). Besonders schlimm sind Verträge, die stark benachteiligend sind, aber eben nicht so schlimm, dass sie nichtig sind. Und deswegen merk dir: Augen auf bei der Partnerwahl und Augen auf bei der Unterschrift des Ehevertrags. Wenn ein Ehevertrag letztlich eine Teilung des Erwirtschafteten vollkommen ausschließt, ist das, unabhängig von der Frage, ob ein derartiger Ehevertrag wirksam wäre, nicht gerecht. Ehe ist Teamarbeit. Insbesondere wenn Kinder mit ins Spiel kommen und Care-Arbeit von euch geleistet wird. Es liegt in eurer Verantwortung. Keiner zwingt euch zu einer Unterschrift unter einem solchen Vertrag.

Ehevertrag »sexy«

Damit meine ich einen Ehevertrag, der die Interessen und Wünsche *beider* Eheleute berücksichtigt und den beide Parteien in einem fairen

Miteinander ausgehandelt haben. Juristen sprechen hier von einem sogenannten **vorsorgenden Ehevertrag**. Er enthält insbesondere Regelungen, die den Ehepartner, der größtenteils die Care-Arbeit in der Ehe übernimmt, und finanzielle Nachteile durch das gelebte Familienmodell erleidet, zusätzlich absichert. Die im Gesetz vorhandenen Regelungen sind oftmals nicht ausreichend und bedürfen einer Erweiterung. Denkt daran: Care-Arbeit ist unbezahlte Arbeit.

Typische Regelungen in einem fairen Ehevertrag sind zum Beispiel:

- ☞ Aufteilung von Einkommen und Vermögen in der Ehe
- ☞ Zusätzliche private Altersvorsorge (für beide)
- ☞ Finanzieller Ausgleich für einen Karriereknick
- ☞ Ausgleichszahlungen für die Übernahme von Care-Arbeit
- ☞ Anpassung der Erwerbsobliegenheit im Fall einer Scheidung in Abhängigkeit vom gelebten Familienmodell
- ☞ Unterhaltsrechtliche Vereinbarungen

Vorsorgende Eheverträge können aber auch ganz anders aussehen. Kinderlose Paare, die auch in Zukunft keine Kinder wollen, haben andere vorsorgende Wünsche und Interessen. Hier kann der Ausschluss der Zugewinngemeinschaft sogar teilweise sinnvoll sein. Deswegen gilt: Es kommt immer auf die individuelle Situation und Perspektive an.

MACHEN WIR UNS BITTE NICHTS VOR:
DAS THEMA EHEVERTRAG IST NICHT ROSAROT.
DER EHEVERTRAG IST UND BLEIBT EIN VERTRAG UND
VERTRÄGE MÜSSEN AUSGEHANDELT WERDEN.

Wenn du dich ernsthaft mit dem Thema Ehevertrag auseinandersetzt, bist du gezwungen, über die wirklich wichtigen Themen – Geld und Arbeitsteilung – nachzudenken und mit deinem Partner auszudiskutieren. Das Thema Scheidung muss behandelt werden. Dabei kann es natürlich sein, dass ihr euch, an dem einen oder anderen Punkt, nicht einig seid und diskutiert. Differenzen sind normal und dass jeder seinen Standpunkt vertritt, ist zu erwarten.

In Vertragsverhandlungen muss die emotionale von der sachlichen Ebene getrennt werden. Wichtig ist, dass beide Partner sich in einer gleichen Verhandlungsposition befinden. Voraussetzungen dafür sind:

1. **Gleicher Informationsstand:** Ihr solltet immer den gleichen Wissensstand haben. Teilt eure Informationen und Kenntnisse. Wenn sich der eine im Vorfeld juristischen Rat einholt, sollte das der andere auch tun.
2. **Freiwilligkeit:** Beide sollen den Abschluss eines Ehevertrags wollen. Lasst euch nicht unter Druck setzen. Aussagen wie »Ich heirate dich nur, wenn du den Ehevertrag unterschreibst«, sind ein ganz schlechter Vorbote. Auch wenn sich die Schwiegereltern einmischen und ihren Sohn beschützen wollen, solltet ihr doppelt und dreifach hinschauen, was euch da zur Unterschrift vorgelegt wird.
3. **Gleiches Machtverhältnis:** Keiner der Partner darf eine etwaige Machtposition zum Beispiel aufgrund von finanziellen oder altersbedingten Unterschieden ausnutzen. Hast du das Gefühl, unterlegen zu sein, hol dir anwaltliche Unterstützung.
4. **Respektvoller Umgang:** Das ist im Rahmen von Vertragsverhandlungen ein Muss. Nur wer sich gleichberechtigt gegenübertritt und Verständnis für die Bedürfnisse und Ängste des anderen hat, hat die Chance, ein zufriedenstellendes Ergebnis zu finden.

Die Angst, übervorteilt zu werden, ist bei Eheverträgen standardmäßige Begleiterscheinung. Frauen, die einen Ehevertrag – mit Absicherung – einfordern, seien ja nur auf Geld aus. Gerade in Ehen, in denen der Mann wirtschaftlich bessergestellt ist, sollte nicht der Fehler gemacht werden, keinen Ehevertrag zu fordern, nur um zu gefallen oder um nicht geldgierig zu wirken. Noch schlimmer wäre, den vorgelegten Totalverzicht zu unterzeichnen. Eine Mandantin, die einen derartigen Ehevertrag unterschrieben hatte, berichtete mir, es sei nicht so gewesen, dass sie nicht gewusst habe, was sie da unterschrieb. »Ich habe gehofft, dass ich ihn niemals brauchen würde. Letzten Endes bin ich eines Besseren belehrt worden. Heute bereue ich, nicht für mich eingestanden zu haben.« Könnt ihr in guten Zeiten euch nicht einigen, weil ihr unterschiedliche Vorstellungen habt, werdet ihr im Fall einer Scheidung erst recht keinen Konsens finden.

WICHTIG

Ein ausgehandelter Ehevertrag, der die Interessen von *beiden* Seiten berücksichtigt, und am Ende einen fairen Kompromiss darstellt, stärkt eine gleichberechtigte Beziehung. Ihr wollt die Grundlage eurer Ehe festhalten und dafür passende, faire Lösungen finden. Wer dazu nicht bereit ist, will offensichtlich keine Beziehung auf Augenhöhe. Du stehst mit einem Ehevertrag für dich und deine Rechte ein, auch wenn es unangenehm wird.

Hardfacts – was du über den Ehevertrag wissen musst

Wann kann ich einen Ehevertrag abschließen?

Muss ich den Ehevertrag unbedingt vor der Hochzeit abschließen? Nein! Einen Ehevertrag könnt ihr jederzeit abschließen: vor der Ehe, aber auch noch in der Ehe. Dass ihr schon verheiratet seid, hindert euch also nicht daran, einen Ehevertrag abzuschließen. #goodnews. Ein Ehevertrag kann auch jederzeit geändert werden, wenn beide mit der Änderung einverstanden sind. Zum Abschluss eines Ehevertrags oder einer Ehevertragsänderung kann niemand gezwungen werden. Passt aber auf, dass ihr emotional von eurem Zukünftigen oder dessen Familie nicht unter Druck gesetzt werdet. Ein einmal geschlossener Ehevertrag unterliegt grundsätzlich keinem Verfallsdatum. Allerdings ist eine Vertragspflege und Anpassung in den meisten Fällen erforderlich beziehungsweise ratsam. Eine Vertragsanpassung sollte immer dann gemacht werden, wenn sich die Lebensverhältnisse des Ehepaares geändert haben. So können sich im Lauf der Zeit die familiären Verhältnisse durch Kinder oder die wirtschaftlichen Gegebenheiten geändert haben. Diese Umstände können dazu führen, dass anfangs vereinbarte Regelungen nicht mehr sinnvoll sind und angepasst werden sollten. Es ist wie mit deiner Gesundheit. Regelmäßige Check-ups sind auch hier notwendig. Dazu kommt, dass sich die Rechtsprechung ebenso weiterentwickelt und es sein kann, dass gefundene Lösungen nicht mehr mit dem Recht vereinbar sind und angepasst werden müssen.

Ihr müsst den Ehevertrag also nicht vor der Hochzeit abschließen. Allerdings ist der Zeitraum vor der Hochzeit durchaus in Betracht zu ziehen, denn die besten und auch fairsten Ergebnisse erzielen Paare, wenn sie sich (noch) voller Liebe und Respekt gegenübertreten. In dieser Phase will in der Regel keiner dem anderen etwas Schlechtes und auch der Aspekt der Absicherung, um die es ja letztlich gehen soll, wird erkannt und als wichtig empfunden. In Situationen, in denen sich ein Ehepartner in einer emotionalen Ausnahmesituation befindet, sollte kein Ehevertrag abgeschlossen werden. Das kann zum Beispiel dann der Fall sein, wenn ein Ehepartner den anderen betrogen hat und dann alles probieren will, die Beziehung zu »kitten«. Ein Fehler im Leben bedeutet aber nicht, keine Ansprüche mehr zu haben und keine Forderungen mehr stellen zu dürfen. Ich sage immer: Dein schlechtes Gewissen ist ein schlechter Berater. Immer.

Wen brauche ich für einen Ehevertrag?

Ihr müsst euren Ehevertrag bei einem Notar aufsetzen lassen. Ein Ehevertrag bedarf besonderer Formvorschriften und muss immer zwingend notariell beurkundet werden, damit er wirksam ist.[71] Du und dein Zukünftiger müssen bei gleichzeitiger Anwesenheit die Unterschriften vor der Notarin leisten. Du kannst zwar theoretisch auch deine beste Freundin mit einer entsprechenden Vollmacht zur Notarin schicken. Anders als beim Ja-Wort ist die Stellvertretung beim Ehevertrag nämlich zulässig. Ich denke aber, dass du das besser allein machen solltest.

Zwingend erforderlich ist ein Anwalt nicht, aber oft empfehlenswert. Anders als der Notar ist der Anwalt Interessenvertreter. Der Unterschied zwischen einem Anwalt und einem Notar besteht also darin, dass der Notar zur Neutralität verpflichtet ist. Er berät neutral über die jeweiligen Konsequenzen einer Vereinbarung. Er ersetzt keinen Anwalt. Der Anwalt dagegen ist Interessenvertreter und schaut, welche Lösung für den eigenen Mandanten die beste ist. Anwälte, die im Familienrecht und in der Vertragsgestaltung zu Hause sind, wissen aus den Scheidungsverfahren ganz genau, wo es hinterher zu Problemen kommt, und welche Weichen gestellt werden müssen, um eine Scheidung mit Drama zu vermeiden. Die Vertragsgestaltung bei vorsorgenden Eheverträgen ist komplex und herausfordernd. Erb- und schenkungsrechtliche, aber auch steuerliche Konsequenzen müssen bedacht werden. Die Ermittlung des Ausgleichs für Care-Arbeit und die Unterhaltsberechnung für Familienunterhalt gehören auch dazu. Nur die wenigsten kennen sich mit diesen Themen aus. Eine professionelle Beratung und Berechnung ist gut investiertes Geld. Kommt es zur Scheidung und du bist nicht abgesichert, zahlst du einen viel höheren Preis.

Unterschreibe niemals, was du nicht verstehst!

Egal für welche Variante du dich bei einem Ehevertrag entscheidest: Wichtig ist, dass du verstehst, was du unterschreibst. Und ja, ich meine das wörtlich.

Sind wir einmal ehrlich. Wer versteht, was der Notar vorliest? Genau. Niemand. Bei der Beurkundung von Verträgen aller Art sitzen die Beteiligten meistens nur da und hoffen, dass es schnell vorbeigeht. Niemand traut sich nachzufragen und lässt es sich noch mal erklären. Das ist fatal. Schließlich regelst du in einem Ehevertrag deine Zukunft. Solltest du etwas nicht verstehen, dann ist es absolut notwendig, dass du nachfragst. Und zwar so lange, bis es wirklich klick macht. Bitte zur Not um ein Praxisbeispiel. Vor allem aber, schäm dich nicht dafür, dass du es nicht gleich verstehst.

Gemeinsamer Anwalt für den Ehevertrag?

Es besteht die weit verbreitete Ansicht, dass beide Ehepartner einen gemeinsamen Anwalt für ihren vorsorgenden Ehevertrag nehmen können. Das ist falsch. Es gibt niemals einen gemeinsamen Anwalt für

Eheleute, was auch schon der BGH festgestellt hat.[72] Der gemeinsame Anwalt bei Eheleuten ist ein Mythos. Auch wenn bei einem vorsorgenden Ehevertrag die Eheleute sich in der Regel einig sind, müsst ihr eines verstehen: Der Anwalt ist nur dem Mandanten gegenüber verpflichtet und vertritt auch nur seine Interessen. Mandant ist der Auftraggeber, also der, der den Anwalt bezahlt. Rechtsverstärkende Vorschriften, die die gesetzlichen Regelungen für eine Partei verbessern, sind konsequenterweise eine Verschlechterung für die andere Partei.

Beispiel: Per Gesetz besteht für euch als betreuenden Elternteil die Verpflichtung, ab dem dritten Geburtstag eures Kindes wieder einer Erwerbstätigkeit in Vollzeit nachzugehen. Hier könnt ihr beide aber vereinbaren, dass eure Verpflichtung zur vollen Erwerbstätigkeit erst mit Vollendung der vierten Klasse des Kindes eintritt. In der Ehe ist diese Regelung für euch beide gut, er geht arbeiten und du kümmerst dich um Haushalt und Kinder.

☆ MERKE

Es bleibt bei dem Grundsatz: Einen gemeinsamen Anwalt gibt es nicht. Auch wenn ein Anwalt einen vorsorgenden Ehevertrag ausarbeitet und euch dieser vorgelegt wird, solltet ihr diesen immer noch einmal von einem eigenen Anwalt gegenprüfen lassen. Aus Kostengründen wird aber leider oft darauf verzichtet.

Nach der Ehe ist diese Regelung für den Mann finanziell schlechter als die gesetzliche, denn er muss mehr Unterhalt zahlen aufgrund eurer längeren Erwerbslosigkeit. Hier wird eine bewusste »Verschlechterung« als fair empfunden. Genauso ist es oft bei vorsorgenden Eheverträgen. Hier habe ich die Besonderheit, dass die Eheleute eben aufgrund ihrer individuellen Lebensverhältnisse und der gelebten Familienmodelle bewusst, aus Gründen der Fairness, bestehende gesetzliche Regelungen abändern beziehungsweise ergänzen wollen. Wenn der Mandant eine Vorschrift will, die zwar objektiv zu seinem Nachteil ist, aber dem Familienfrieden dienlich ist, ist der Anwalt auch dazu da, den Wunsch des Mandanten zu erfüllen.

Wie viel kostet ein Ehevertrag?

Die Antwort auf die Frage aller Fragen vorab: Ein Ehevertrag ist meistens günstiger als die Kosten eines Scheidungsverfahrens. Maßgeblich für die Kosten eines Ehevertrags ist das gemeinsame Vermögen der Ehepartner. Das bedeutet, je mehr Vermögen ihr habt, desto teurer wird in der Regel der Ehevertrag. Zudem hängen die Kosten auch davon ab, ob nur der Notar beauftragt wird oder zusätzlich noch Anwälte. Es kommt auch auf den Inhalt des Ehevertrags an. Aufwand, Komplexität und der rechtliche und persönliche Schwierigkeitsgrad sind relevant. Was soll alles geregelt werden? Die Ausgestaltung des Ehevertrags ist vollkommen individuell und unterschiedlich komplex. So oder so ist ein Ehevertrag gut investiertes Geld. Brautpaare gaben im Jahr 2023 im Durchschnitt 14.297,50 Euro[73] für ihren Hochzeitstag aus. 21,4 Prozent sogar über 20.000 Euro.[74] Eheverträge sind im Durchschnitt sehr viel günstiger. Der Mehrwert ist unbezahlbar.

Inhalte des Ehevertrags

Die meistgestellte Frage lautet: Was kann in einem Ehevertrag alles geregelt werden? Die Antwort lautet: alles! Ja, eurer Fantasie sind (fast) keine Grenzen gesetzt. Bei Eheverträgen gilt der Grundsatz der **Vertragsfreiheit**. In Abhängigkeit von eurem gelebten Ehe- und Familienmodell bestimmt ihr die Inhalte und den Umfang eures Ehevertrags. Natürlich kann das Gesetz, was für alle gilt, nicht jede einzelne Ehesituation erfassen. Eure Ehe und Interessen sind individuell. Also braucht es auf eure Verhältnisse angepasste darauf abgestimmte Regelungen.

Während es für die einen bereits die dritte Ehe ist, die Kinder längst aus dem Haus sind und das Vermögen vermehrt ist, stehen andere noch ganz am Anfang und wollen sich zusammen ein gemeinsames Leben aufbauen und eine Familie gründen. In einem Ehevertrag können die folgenden Punkte geregelt werden:

REGELUNGEN EURES EHEVERTRAGS		
Ehename	Festlegung eines Ehenamens	
Anfangsvermögen	Konkrete Bezifferung + Aufstellung eines Vermögensverzeichnisses	
Eigentumszuordnung	Im Vermögensverzeichnis	
Eheliche Lebensgemeinschaft	Achtung: Vereinbarungen, die getroffen werden, können oft nicht gerichtlich durchgesetzt werden, dennoch können sie sinnvoll sein.	
Steuerrechtliche Gestaltung	Evtl. Vereinbarung eines Nachteilsausgleichs bei Steuerklassenwahl 3/5 (Ehegattensplitting)	
Güterstände	Regel	Ausnahme
	Modifizierte Zugewinnngemeinschaft	Gütertrennung

<table>
<tr><th colspan="3">REGELUNGEN EURES EHEVERTRAGS</th></tr>
<tr><td rowspan="2">Modifizierungen der Zugewinngemeinschaft</td><td colspan="2">Ausnahme von:
· Vermögensgegenständen, Unternehmen, Immobilien etc. (+/-)
· Wertsteigerungen der Vermögensgegenstände (+/-)
· Wertsteigerungen von Erbschaften oder Schenkungen Dritter (+/-)</td></tr>
<tr><td colspan="2">Regelungen zu »Geschenken« von Ehegatten untereinander</td></tr>
<tr><td>Verfügungsbeschränkungen</td><td>Vermögen im Ganzen</td><td>Haushaltsgegenstände</td></tr>
<tr><td>Familienunterhalt</td><td colspan="2">· Gesamteinkommen der Familie ist zu teilen
· Berücksichtigung des Erwerbstätigenbonus ja oder nein
· Vereinbarung, dass Familienunterhalt in Geld gezahlt wird</td></tr>
<tr><td>Ausgleich für Care-Arbeit und Karriereknick</td><td colspan="2">· Teilung von Gesamteinkommen
· Private Altersvorsorge
· Nachehelicher Unterhalt</td></tr>
<tr><td>Gemeinsame Immobilie</td><td colspan="2">Insb. auch die Frage, wie sie erworben werden soll, bedenken.</td></tr>
<tr><td>Ehewohnung</td><td colspan="2">Wer bleibt nach der Trennung in der gemeinsamen Wohnung?</td></tr>
<tr><td>Haushaltsgegenstände</td><td colspan="2">Verteilung von Haushaltsgegenständen für den Fall einer Trennung.</td></tr>
<tr><td>Versorgungsausgleich</td><td colspan="2">Regelungen bzgl. der Teilung der Rentenpunkte.</td></tr>
</table>

REGELUNGEN EURES EHEVERTRAGS		
Haustiere	Wo soll das Haustier im Fall einer Trennung leben? Wer übernimmt anfallende Kosten für Futter, OP, Hundesteuer etc.	
Rechtswahl	Nationale Ehen mit einem Auslandsbezug sollten immer auch an das Thema Rechtswahl denken. Es kann vereinbart werden, dass auch im Ausland deutsches Recht anzuwenden ist.[75]	
Kindbezogene Regelungen	Welchen Namen soll das Kind tragen, wenn beide ihren Namen behalten? Welche Konfession? Usw.	
Sorge- und Umgangsrecht	Spielt meist eine Rolle, wenn es zur Trennung kommt, in sogenannten Elternvereinbarungen. Auch im vorsorgenden Ehevertrag kann mit aufgenommen werden, welches Betreuungsmodell die Eltern beabsichtigen.	
Kindesunterhalt	· keine Vereinbarung zum Nachteil des Kindes erlaubt · ggf. Festlegung von Mindestbeträgen · Wie soll mit besonderen Ausgaben, die z. B. als Sonder- und Mehrbedarf gelten, umgegangen werden?	
Unterhaltsrechtliche Regelungen für Trennung/ Scheidung	Trennungsunterhalt:	Kann niemals wirksam für die Zukunft ausgeschlossen werden
	Betreuungsunterhalt:	Anpassung der Erwerbsobliegenheit
	Ehegattenunterhalt:	Evtl. Vereinbarung eines Mindestbetrags
Erbrechtliche Regelung	Erb- und Pflichtteilsverzicht	

Grenzen der Vertragsfreiheit

Die Vertragsfreiheit der Ehegatten hat aber auch Grenzen. Vertragsfreiheit und der zu wahrende Schutz der Ehe stehen sich somit gegenüber und es muss immer im Einzelfall geschaut werden, was jeweils überwiegt. Eheverträge werden auf ihre Wirksamkeit hin mittels einer sog. Inhaltskontrolle auf ihre Fairness und Rechtsgültigkeit überprüft.

Verbotene Vereinbarungen

Es gibt bestimmte Regelungen, die in Eheverträgen nicht zulässig sind. Verbotene Vereinbarungen, die nicht im Ehevertrag enthalten sein dürfen, sind zum Beispiel:

- Vereinbarungen, die den Trennungsunterhalt für die Zukunft ausschließen
- Vereinbarungen, die den Kindesunterhalt ausschließen
- Vereinbarungen, die die zwingenden Scheidungsvoraussetzungen des Gesetzes abändern (z. B. Festlegung, wann Frau sich scheiden lassen »darf«: Nur wenn der Mann sie betrügt oder drei Monate abwesend ist etc.)[76]

Kein Eingriff in den Kernbereich

Durch einen Ehevertrag darf nicht in den Kernbereich des Scheidungsfolgenrechts eingegriffen werden. Dazu gehören:

1. Betreuungsunterhalt
2. Krankheits- und Altersunterhalt
3. Versorgungsausgleich

Ursprünglich sollte verhindert werden, dass in einen dieser Bereiche durch einen Ehevertrag eingegriffen wird. Die Integrität und die Grundfunktionen der Ehe sind unantastbar und damit zu schützen, so der Gedanke. Diese Rechtsprechung wurde in der Vergangenheit stark aufgeweicht. Ein strikter Grundsatz à la »Jede Regelung in diesem Bereich ist unzulässig« existiert nicht mehr. Die Rechtsprechung hat sich weiterentwickelt und so ist heute anerkannt, dass die Vertragsparteien durchaus ein berechtigtes Interesse haben können, auch diese Bereiche ehevertraglich zu regeln.

Die Rechtsprechung stärkt insoweit die Vertragsfreiheit und die Gestaltungsfreiheit der Eheleute. Allerdings ist stets darauf zu achten, dass keine einseitige Benachteiligung bestehen darf und die Bedeutung und Tragweite einer einzelnen Regelung den Eheleuten klar sein muss. So kann auch der Versorgungsausgleich im Einzelfall ausgeschlossen werden, wenn zum Beispiel die eheliche Lebensform dies begründet, oder wenn hierfür eine angemessene Kompensation für den finanziell schwächeren Teil in Form durch Einzahlung einer privaten Lebensversicherung erfolgt.

Sittenwidrige Vereinbarungen

Ob der Ehevertrag sittenwidrig ist, überprüft der BGH mit der sogenannten Wirksamkeitskontrolle. Sittenwidrige Verträge sind nichtig und damit rechtlich unwirksam.[77] Sie entfalten keine rechtliche Wirkung. Sittenwidrigkeit ist insbesondere anzunehmen, wenn der Ehevertrag Vereinbarungen enthält, die gegen das »Wesen der Ehe« verstoßen. Hierzu gehören zum Beispiel folgende Vereinbarungen:

- Zahlungen für das Eingehen einer Scheinehe[78]
- Vereinbarung, dass im Fall der Scheidung »ein Betrag in existenzvernichtender Höhe zu zahlen ist«[79]
- Vereinbarungen, die daran knüpfen, dass im Scheidungsverfahren für eine Gegenleistung falsche Angaben zum Trennungsjahr gemacht werden

Außerdem sind Eheverträge sittenwidrig, wenn ein Ehepartner seine offensichtlich ungleiche Verhandlungsposition bei Vertragsschluss zu seinem eigenen Vorteil ausgenutzt hat. Bei der Beurteilung, ob ein Verhandlungsungleichgewicht besteht, werden unterschiedliche Faktoren berücksichtigt, zum Beispiel soziale und vermögensrechtliche Verhältnisse, Bildungsgrad und Berufsausbildung sowie zukünftige Perspektive.

Es kommt immer auf die individuellen Verhältnisse bei Vertragsabschluss an, insbesondere auch auf die Lebensform, die gelebt werden soll oder bereits gelebt wird und welche Auswirkungen diese auf die Ehe und die Kinder hat. Außerdem ist entscheidend, welcher Zweck mit einer gewissen Abrede verfolgt wird und welche Beweggründe eine Rolle gespielt haben.[80]

In der Praxis hat die Gerichte immer wieder »die schwangere Frau« beschäftigt: Die Schwangerschaft allein reicht nicht aus, um eine ungleiche Verhandlungsposition anzunehmen. Insgesamt ist auch hier auf die Gesamtumstände zu schauen, wobei alle Faktoren, die die Situation der Schwangeren beeinflussen, mitzuberücksichtigen sind.[81] Allein die Tatsache, dass eine Frau schwanger ist und der Ehevertrag zwei Tage vor der Hochzeit abgeschlossen wurde, reicht nicht dafür aus, dass der Ehevertrag automatisch sittenwidrig ist.[82] Insbesondere wenn die Schwangere selbst über gesicherte Einkommens- und Vermögensverhältnisse verfügt, wurde die Sittenwidrigkeit verneint.[83]

Sittenwidrigkeit wurde aber angenommen, als die bei Vertragsabschluss im neunten Monat schwangere Frau einen Versorgungsausgleich im Ehevertrag unterschrieben hatte und diesen Vertragsentwurf erstmalig in der notariellen Verhandlung bekannt gegeben wurde.[84]

Jüngst wurde auch eine Vereinbarung als sittenwidrig eingestuft, in der eine Zugewinnausgleichzahlung an den Umgang mit dem Kind geknüpft wurde. In dem zu entscheidenden Fall war die Bedingung für die Zahlung einer Zugewinnausgleichzahlung ein vorheriger dreiwöchiger Urlaub mit den gemeinsamen Kindern.[85] Erst Umgang, dann Geld. Das geht nicht.

☆ MERKE

Die bloße Unausgewogenheit des Vertrags führt nicht automatisch zur Sittenwidrigkeit des gesamten Vertrags.

Verstoß gegen Treu und Glauben

Auch die Berufung auf einen Ehevertrag, bei dem bei Vertragsunterzeichnung noch kein Verhandlungsungleichgewicht bestanden hat, kann in bestimmten Fällen unzulässig sein. Das ist dann der Fall, wenn ein Ehevertrag, der zu Beginn einer Ehe abgeschlossen wurde, Regelungen enthält, die im Nachhinein nicht mehr zu dem gelebten Ehetypus passen und offensichtlich für einen Ehepartner unzumutbare Nachteile mit sich bringen. Ist das der Fall, liegt ein sogenannter Verstoß gegen Treu und Glauben vor. Es kommt hier nicht auf die Situation bei Vertragsschluss an, sondern die Nachteile ergeben sich erst im späteren Verlauf der Ehe. Es werden also der »geplante Ehetypus« und der »gelebte Ehetypus« miteinander verglichen. Solche, die sich im Nachhinein als nicht zulässige Eheverträge herausstellen, müssen dann individuell angepasst werden.

Klasssisches Beispiel: Die Eheleute planen keine Kinder. Geld verdienen und Reisen sollen das Lebensziel sein. Entsprechend ihrer gemeinsamen Lebensvorstellungen schließen sie einen Vertrag, nachdem niemand gegen den anderen einen Anspruch im Fall einer Scheidung hat. Ja, auch ein Totalverzicht kann Sinn machen. Natürlich kommt wieder alles anders als geplant. Nach den Flitterwochen ist sie schwanger. Beide stellen fest: Das Leben hat plötzlich einen Sinn. Kind Nr. 2, 3 und 4 folgen. Sie gibt ihren gut bezahlten Job für die Kindererziehung und das Familienglück auf. Nach 15 Jahren Ehe trennt man sich. Durch den damals geschlossenen Ehevertrag geht sie leer aus. Der Ehevertrag ist unwirksam. Ob der Ehevertrag gegen den Grundsatz Treu und Glauben verstößt überprüft der BGH mit der sogenannten Ausübungskontrolle.

Ausgewählte Inhalte des Ehevertrags

Es gibt nicht den Standardehevertrag oder die zehn typischen Klauseln des Ehevertrags. Allerdings spielen immer wieder die gleichen Aspekte in der Vertragsgestaltung eine Rolle. Im Nachfolgenden gehe ich auf ausgewählte Punkte der Tabelle (→ Seite 182 ff.) ein, die wichtig sind und in der Praxis immer wieder eine zentrale Rolle spielen.

Eheliche Lebensgemeinschaft

Unter dem Punkt eheliche Lebensgemeinschaft könnt ihr in eurem Ehevertrag alles das festhalten, was euer konkretes Zusammenleben betrifft und ihr als wichtig und klärenswert empfindet. Angefangen bei der Frage, wer wann in Elternzeit geht, bis zu dem Punkt, wer an welchen Tagen den Hund zu füttern hat, die Spülmaschine ausräumt, den Garten wässert oder aber auch das Weihnachtsgeschenk für die Eltern besorgt. Auch, welches Kulturprogramm es am Wochenende gibt, und wie oft die Eheleute in der Woche den ehelichen Akt ausführen. Derartige Vereinbarungen haben allerdings ein Problem: Weder du noch der Gerichtsvollzieher können deinen Mann zum Ausräumen der Spülmaschine oder zum Sex zwingen. Damit bleiben diese, euer eheliches Zusammenleben betreffenden Vereinbarungen, am Ende ohne rechtliche Bedeutung und vor allem ohne Konsequenzen.

☆ MERKE

Vereinbarungen, die das eheliche Alltagsleben und die eheliche Lebensgemeinschaft betreffen, sind im juristischen Sinne sogenannte bloße Absichtserklärungen. Diese Regelungen können also im Zweifel nicht gerichtlich durchgesetzt werden. Sie sind nicht justiziabel, also nicht einklagbar und auch nicht vollstreckbar.

Auch wenn solche Regelungen juristisch unbedeutend sind, sind sie aber menschlich und moralisch wichtig. Derartige Regelungen helfen euch vor allem, ein gegenseitiges Versprechen zu geben und euch immer wieder daran zu erinnern, dass ihr Absprachen für euer Zusammenleben getroffen habt. Um solche detaillierten Regelungen treffen zu können, müsst ihr vor allem miteinander ins Gespräch gehen. Ihr werdet also feststellen, welche Vorstellung vom Zusammen- und Familienleben der andere hat.

Vereinbarungen über die Rollenverteilung

Die Aufgaben und Rollenverteilung ist der wichtigste Punkt bei den Vereinbarungen über die eheliche Lebensgemeinschaft, der unbedingt im Ehevertrag geregelt werden sollte. Klassische Rollenverteilung oder die Zuverdiener-Ehe oder beabsichtigen doch beide, Vollzeit arbeiten zu gehen? In einem später im Worst Case zu führenden unterhaltsrechtlichen Verfahren würden diese jedenfalls sogenannte

Indizienwirkung haben. Die beabsichtigte Lebensform sollte so detailreich wie möglich beschrieben werden, damit im Fall einer Scheidung erkennbar ist, was die Eheleute ursprünglich gewollt haben.

Folgende Punkte könnt ihr zum Beispiel klären:

- Beabsichtigt ihr Kinder zu bekommen?
- Wie sollen die Aufgaben verteilt werden?
- Wer soll den Familienunterhalt erwirtschaften?
- Wie lange soll das Kind *nicht* fremdbetreut werden?
- Wie lange ist keine Erwerbstätigkeit wegen der Übernahme der Kinderbetreuung geplant?
- Ab wann ist beabsichtigt, dass der betreuende Elternteil wieder Vollzeit arbeiten gehen soll?
- Was ist, wenn vereinbart wurde, dass beide Vollzeit arbeiten, letztlich aber durch die Lebensumstände diese Vereinbarung nicht umsetzbar ist?
- Wie sollen ehebedingte Nachteile, die der betreuende Elternteil erleidet, ausgeglichen werden?

Sollte sich im Verlauf der Ehe eure ursprüngliche Aufgabenverteilung nicht umsetzen lassen oder aus anderen Gründen ändern, sollte immer eine Anpassung erfolgen. Vielleicht merkt ihr erst später, wie sehr ihr die Zeit mit dem Kind zu Hause genießt und wollt doch längere Betreuungszeit nehmen als anfänglich gedacht.

Vertragsstrafen und Abfindungsklauseln

Wenn schon nicht das Gericht und der Gerichtsvollzieher helfen können, dann liegt es doch auf der Hand, den gewünschten Erfolg – das ehevertraglich vereinbarte Verhalten – auf einem anderen Wege herbeizuführen. Was eignet sich da besser als sogenannte Vertragsstrafen,[86] mit denen ein Verstoß gegen eine Vereinbarung sanktioniert wird? Es gilt der Grundsatz der Vertragsfreiheit: Es ist grundsätzlich zulässig, die nicht ausgeräumte Spülmaschine mit einer Geldstrafe zu sanktionieren, wobei die Höhe im Ehevertrag beziffert und auch angemessen und verhältnismäßig sein muss. Übertriebene Strafen können als sittenwidrig eingestuft werden.

In der Praxis wird auch immer wieder nach der Fremdgehklausel oder Treueklausel gefragt. Das Ehepaar vereinbart eine exklusive Beziehung. Für den Fall, dass sich einer nicht daran hält und einen außerehelichen Beischlaf vornimmt, ist eine Vertragsstrafe in angemessener Höhe zu bezahlen. Grundsätzlich ist auch eine solche Klausel möglich. Diese Möglichkeit ergibt sich aus der Vertragsfreiheit.

WICHTIG

Vereinbarungen über die Rollenverteilung sind möglich. Sanktionen bei Verstoß grundsätzlich auch, sofern sie angemessen und verhältnismäßig zu den ehelichen Lebensverhältnissen sind. Auch ein entdeckter Seitensprung kann vertraglich sanktioniert werden. Die Durchsetzbarkeit vor Gericht steht auf einem anderen Plan.

Verträge »Sex gegen Geld« sind aber sittenwidrig. Daran hat auch das Prostitutionsgesetz nichts geändert. Also die Vereinbarung: Jeden Tag Sex im Urlaub und dafür zahlt der wirtschaftlich Stärkere ist unwirksam.

Das Interesse und Motiv an einer exklusiven Beziehung und einen Verstoß mit Geldstrafe zu sanktionieren, ist nicht offensichtlich unberechtigt. Die Wirksamkeit und Durchsetzbarkeit einer solchen Klausel wurde höchstrichterlich aber noch nicht entschieden. Eure Vereinbarung könnte also die erste sein, die schlussendlich vom BGH überprüft wird.

Modifizierte Zugewinngemeinschaft

Die Vereinbarungen zu den Güterständen sind in jedem Ehevertrag zu treffen. Die modifizierte Zugewinngemeinschaft ist der häufigste Fall der ehevertraglich vereinbarten Güterstände. Dabei wird der gesetzliche Güterstand, die »normale« Zugewinngemeinschaft um einzelne individuelle Regelungen, die den finanziellen Interessen und speziellen Bedürfnissen der Eheleute entsprechen, ergänzt, und/oder eingeschränkt. Exemplarisch können die nachfolgenden Modifizierungen vorgenommen werden:

- Festsetzung des Anfangsvermögens
- Ausschluss des Zugewinnausgleichs
- Erhöhung der Zugewinnausgleichsquote
- Pauschalisierte Zugewinnausgleichsansprüche
- Übertragung von Sachwerten
- Zeitliche Verschiebung des Zugewinnausgleichsanspruchs (z. B. Zugewinnausgleichanspruch erst nach x Ehejahren oder nur für den Fall, dass ein Kind geboren wird)
- Ausschluss einzelner Vermögensgegenstände und Schulden, wie zum Beispiel Unternehmen oder Firmenvermögen
- Ausschluss von Wertsteigerungen bei Vermögensgegenständen
- Ausschluss von Wertsteigerungen bei Schenkungen und Erbschaften
- Ausschluss von ehebedingten Zuwendungen

Festsetzung des Anfangsvermögens

Wie ihr bereits wisst, die Höhe des Anfangsvermögens und des Endvermögens bestimmen letztlich die Höhe des Zugewinns, und damit beinflussen sie den Ausgleichsanspruchs nach der Ehe. Wenn ihr also einen Ehevertrag abschließt, dann definiert bitte genau das Anfangsvermögen.[87] Das erspart Streitereien im Scheidungsverfahren.

Überlegt euch auch, ob ihr ein detailliertes Vermögensverzeichnis[88] aufstellen wollt. In diesem Verzeichnis führt ihr sämtliche Vermögenswerte und Schulden von euch auf. Jedem Vermögenswert und jeder Schuld wird ein Wert beigemessen. So ist der finanzielle Status von euch transparent. Ihr solltet das Verzeichnis während eurer Ehe regelmäßig aktualisieren, um es an eure veränderten Vermögensverhältnisse anzupassen. Das Vermögensverzeichnis könnt ihr beglaubigen lassen.

Ausschluss des Zugewinnausgleichs

Es ist grundsätzlich möglich, den Zugewinnausgleichsanspruch nach der Ehe vollständig auszuschließen. Ja, ihr habt richtig gelesen. Ich habe mich nicht verschrieben. Die Zugewinngemeinschaft kann auch aufrechterhalten werden, wenn der Zugewinnausgleich ausgeschlossen wird. Verrückt, oder? Auf den zweiten Blick logisch: Wer den Zugewinnausgleich ausschließt, der bewirkt im Grunde dasselbe Ergebnis wie bei der Gütertrennung: Am Ende der Ehe hat keiner einen Anspruch, es findet kein Ausgleich statt.

Der wichtige Unterschied ist aber: Der Ausschluss kann auf die Fälle beschränkt werden, in denen die Ehe durch Scheidung endet. Das ist der Ausschluss des Zugewinnausgleichs unter Lebenden. Die modifizierte Zugewinngemeinschaft – mit dem Ausschluss des Zugewinns unter Lebenden – ist der Gütertrennung regelmäßig vorzuziehen, da hier im Grunde das gleiche Ergebnis hergestellt wird, nämlich das im Fall einer Scheidung jeder sein Vermögen schützt und behält. Wenn eine Ehe durch Tod endet, kann vereinbart werden, dass der Zugewinnausgleich eben doch durchzuführen ist. Im Unterschied zu der Gütertrennung bietet die Zugewinngemeinschaft den Vorteil, dass bei Tod der überlebende Ehepartner dennoch in den Genuss der Vorteile des Zugewinnausgleichs kommt, insbesondere in steuerrechtlicher und erbrechtlicher Hinsicht. Wie wir bereits in dem Kapitel Gütertrennung besprochen haben, ist die modifizierte Zugewinngemeinschaft oft die vorteilhaftere Variante.

Wenn der Ehemann verstirbt und Frau und zwei Kinder hinterlässt, erben diese, abhängig von dem gewählten Güterstand der Eheleute, wie folgt:

	EHEFRAU	KIND 1	KIND 2
modifizierte Zugewinngemeinschaft:	¼ + ¼ = ½	¼	¼
Gütertrennung:	⅓	⅓	⅓

Wenn einer verstirbt, findet der Zugewinnausgleich statt. So habe ich die verbesserte Erbquote des Ehepartners. ½ (Zugewinngemeinschaft) vs. ⅓ (Gütertrennung). Wenn die Eheleute hingegen nur ein Kind haben, würde der hinterbliebene Ehepartner bei Beibehaltung der gesetzlichen Erbfolge sowohl bei der Zugewinngemeinschaft als auch bei der Gütertrennung jeweils die Hälfte neben dem Kind erben.

Der Ausschluss des Zugewinnausgleichs hat einen nicht von der Hand zu weisenden Vorteil: Die Scheidung geht schnell. Das Konfliktpotenzial ist deutlich vermindert, denn keiner hat einen Anspruch auf das Vermögen des anderen.

Bedenke aber, der Zugewinnausgleichsanspruch ist auch der Anspruch, der den nicht oder weniger erwerbstätigen Ehepartner absichert. Der Care-Arbeit wird damit Rechnung getragen und der Ausgleichsanspruch gewährleistet, dass beide Ehepartner vom Vermögenszuwachs in der Ehe profitieren. Der Ausschluss kann also auch sehr nachteilig sein. Abhängig von eurer individuellen Situation kann er also sinnvoll sein, oder die absolute Katastrophe darstellen. Seid ihr beide finanziell unabhängig, verfügt über ausreichend Vermögen, oder habt beide die Chance, während der Ehe Vermögen zu erwirtschaften, zu sparen und vorzusorgen, super. Go for it! Du wirst eine unkomplizierte Scheidung haben.

Lebt ihr das Modell Zuverdiener-Ehe, er geht voll arbeiten, du in Teilzeit und du übernimmst größtenteils die unbezahlte Care-Arbeit, und vereinbart ihr dennoch den Verzicht auf einen Zugewinnausgleichsanspruch, so solltet ihr unbedingt über eine Entschädigungzahlung für dich nachdenken. Dein Zugewinnausgleichsanspruch ist verdammt viel wert.

Kompensationsmöglichkeiten für den Wegfall des Zugewinnausgleichsanspruchs:

- Laufende Zahlungen pro Monat (ggf. mit Wertsteigerungsklausel)
- Einmalzahlungen pro Jahr (ggf. mit Wertsteigerungsklausel)
- Abfindungszahlungen pro Ehejahr
- Variable Gestaltung, Zahlung in Abhängigkeit des Gewinns eines Unternehmens zu x Prozent
- Lebensversicherung oder andere (Renten-)Versicherungsverträge
- Übertragung von Immobilienanteilen
- Eintragungen von Rechten an Immobilien (z. B. Nießbrauch[89] oder Wohnrecht)

☆ MERKE

- Werden größere Werte übertragen, muss immer an die Schenkungssteuer gedacht werden.
- Erfolgt bereits in der Ehe ein finanzieller Ausgleich und eine Teilung von Vermögen, hat folglich auch jeder die gleiche Chance, sich etwas aufzubauen. Dann könnte ein Zugewinnausgleich nach der Ehe entsprechend ausgeschlossen werden, ohne dass es nachteilig für eine Seite ist.
- Achtung: Wird bereits in der Ehe das Einkommen geteilt und zum Beispiel auch ein Ausgleich gezahlt und der Zugewinn nicht ausgeschlossen, dann kann es dazu kommen, dass der verschwenderische Ehepartner, der sein Geld lieber ausgegeben hat, gegen den sparsamen Ehepartner einen Anspruch hat.

Ausschluss von Vermögensgegenständen und Wertsteigerungen

Aus dem Zugewinn können Vermögensgegenstände (wie zum Beispiel Immobilien, Unternehmen, wertvolle Kunst) und ihre Wertsteigerungen,[90] die einem Ehepartner bereits *vor* der Heirat gehört haben, dem Zugewinn entzogen werden, sogenannte partielle Zugewinngemeinschaft. Hintergrund für einen solchen Ausschluss ist regelmäßig die hohe Ausgleichszahlung, welche im Fall einer Scheidung nicht aufgebracht werden kann. Der Zugewinnausgleichsanspruch ist in Geld zu begleichen. In der Praxis bedeutet dies häufig, dass die vom Zugewinn ausgeschlossene Immobilie oder Unternehmen veräußert, also liquidiert werden müssen, um die Ausgleichszahlung befriedigen zu können. Das ist ein nachvollziehbares Interesse. Aber: Denkt auch hier daran, was ist euer Preis für euren Verzicht?

Weit verbreiteter Irrglaube ist, dass im Fall einer Scheidung über das aus dem Zugewinn ausgeschlossene Vermögen keine Auskunft erteilt werden müsste. Wenn es um die Unterhaltsberechnung geht, muss Auskunft über das gesamte Vermögen erteilt werden. Es müssen also auch die Fakten des aus dem Zugewinn ausgeschlossenen Unternehmens zum Beispiel in Form von Bilanzen, Steuererklärungen und Gesellschaftsvertrag offengelegt werden.

Ausschluss von »Geschenken« unter Eheleuten

Ihr wollt späteres Drama vermeiden: Haltet in eurem Ehevertrag also fest, was mit Geschenken, unabhängig von der rechtlichen Einordnung, passieren soll. Willst du deine gemachten Geschenke wieder haben, ja oder nein? Was ist mit den Geschenken der Eltern/Schwiegereltern? Für wen sollen diese sein?

Zeitliche Modifizierung des Zugewinnausgleichsanspruchs

Es besteht die Möglichkeit, den Zugewinnausgleichsanspruch erst nach einer bestimmten Anzahl von Ehejahren durchzuführen, oder aber von der Geburt eines Kindes abhängig zu machen. Das kann zum Beispiel sinnvoll sein, wenn ihr zu Ehebeginn beide finanziell unabhängig seid und ihr euer gemeinsames Leben zusammen finanziert. Sobald ein Kind in euer Leben tritt, wird sich das ändern.

Veränderung von Ausgleichsquote und Ehezeit

Es gibt auch die Möglichkeit, die **gesetzliche Ausgleichsquote** zu verändern. Per Gesetz gilt die Quote von 50 Prozent, sodass nach dem Zugewinnausgleich beiden Eheleuten gleich viel Vermögenszuwachs zugewiesen wird. Ihr könnt eine andere Quote vereinbaren, sodass im Zugewinn mehr oder auch weniger als die Hälfte auszugleichen ist. Eine Erhöhung der Ausgleichsquote kann sinnvoll sein, wenn aufgrund von der Übernahme der Care-Arbeit ehebedingte Nachteile ausgeglichen werden sollen oder ein Partner während der Ehe Kreditschulden für den anderen getilgt hat oder ein Ehepartner mehr Eigenkapital in eine Immobilie investiert hat. Kaufen Eheleute eine Immobilie und einer hat mehr Eigenkapital, dann wird oft eine unterschiedliche Verteilung der Eigentumsanteile im Grundbuch festgelegt. Hierbei wird aber außer Acht gelassen, dass im Rahmen der Zugewinngemeinschaft der Zugewinnausgleich die unterschiedliche Verteilung der Eigentumsanteile neutralisieren kann.

Ebenfalls kann die **Ehezeit** verändert werden, also der Zeitraum, der für die Berechnung des Zugewinnausgleichanspruchs maßgeblich ist. Er kann vertraglich zeitlich vorverlegt werden. Das kann zum Beispiel sinnvoll sein, wenn das Paar auch vor der Hochzeit schon gemeinsam gewirtschaftet hat, insbesondere wenn schon Kinder vorhanden sind. Auch bei einer Immobilie, die schon vor der Ehe bestand, würde eine entsprechende Wertsteigerung immer erst ab dem Zeitpunkt der standesamtlichen Hochzeit ausgleichspflichtig werden.[91] Ebenso können Vereinbarungen, wonach ein bestimmter Vermögensgegenstand nur mit einem bestimmten Wert mit in das Endvermögen einzustellen ist, Sinn machen.

Übertragung von einzelnen Vermögensgegenständen

Wie wir bereits festgestellt haben, besteht bei Scheidung grundsätzlich kein Anspruch auf die Übertragung von bestimmten Vermögensgegenständen. Der Anspruch besteht in Geld. Natürlich kann hier ehevertraglich etwas anderes vereinbart werden. In Ehen, in denen bereits Vermögenswerte vor oder während der Heirat erwirtschaftet wurden, kann eine Übertragung von Vermögensgegenständen oder die Vereinbarung einer pauschalen Ausgleichszahlung in Geld ehevertraglich festgelegt werden. So kann einerseits ein Zugewinnausgleichsanspruch abgesichert werden (wir erinnern uns daran, dass Vermögenswerte verschwinden und das als wertvoll eingestufte Unternehmen dann plötzlich doch pleite ist). Gerade unter Berücksichtigung der steuerlichen Freibeträge kann die Übertragung von Vermögensgegenständen in der Ehe sinnvoll sein.

Übrigens, ein hervorragendes Modell, um Vermögen schenkungssteuerfrei zu übertragen, funktioniert in intakter Ehe mit der sogenannten Güterstandsschaukel. Ein Modell für echte Steuersparfüchse, das sogar von der Rechtsprechung als legal angesehen wird. Alles, was ihr braucht, ist eine ehevertragliche Regelung. Die Eheleute heben den Güterstand der Zugewinngemeinschaft auf und vereinbaren Gütertrennung (ja, hier ist das in Ordnung). Bei Beendigung des Güterstands der Zugewinngemeinschaft, das wissen wir, erfolgt der Zugewinnausgleich, der weder der Schenkungs- noch der Erbschaftssteuer unterliegt. Es kann also Vermögen übertragen werden. Nach Ablauf einer sogenannten »Anstandsfrist« kann wieder durch Ehevertrag in den gesetzlichen Güterstand der Zugewinngemeinschaft »zurückgeschaukelt« werden.

Vereinbarungen zu den Haushaltsgegenständen

Haushaltsgegenstände sind ein emotionales Thema. Aus wirtschaftlicher Perspektive aber von eher untergeordneter Bedeutung. Die Frage lautet: Wer würde was mitnehmen, wenn es zur Scheidung kommt. Eine einfache und unkomplizierte Regelung wäre zum Beispiel die, dass jeder mit dem gehen kann, mit dem er gekommen ist. Schwieriger ist es mit den Dingen, die ihr während der Ehe zusammen kauft. Ihr könnt während der Ehe euer **Vermögensverzeichnis** fortlaufend aktualisieren und dokumentiert beim Kauf, wem der Thermomix vermögensrechtlich zugeordnet werden soll. Das ist in der Praxis aber – zugegebenermaßen – schwierig und wird in der Ehe schlichtweg einfach nicht gemacht. Das würde aber bedeuten, jeder darf das mitnehmen, was ihm auch vermögensrechtlich laut Verzeichnis zusteht. Ist dir also der Thermomix hoch und heilig – was ich persönlich sehr gut verstehen kann – leg fest, dass du ihn mitnehmen kannst.

Was passiert mit dem geliebten Haustier?

Dass Tiere Haushaltsgegenstände sind, haben wir bereits gelernt. Überlegt, wer das Tier im Fall einer Trennung bekommt. Soll es ein Umgangsrecht geben? Wie ist das ausgestaltet? Von Gesetzes wegen besteht kein Umgangsrecht für den Getrenntlebenden bzw. geschiedenen Ehepartner (→ siehe auch Kapitel »Haushaltsgegenstände«, Seite 122). Wenn sich die Eheleute auch hier nicht einigen können, müsste das Gericht letztlich das Tier zuweisen. Ihr könnt explizit vereinbaren, wer wann das Tier hat, wer für die Kosten, für den Tierarzt, anfallende OPs, Futter, Versicherung und evtl. Hundesteuer aufkommt.

Was passiert mit der Ehewohnung?

Wer bleibt im Haus bzw. in der Wohnung, wer zieht aus? Wenn es zur Scheidung kommt, kann das ehevertraglich geregelt werden. Ein ganz schwieriges Thema. Gerade wenn Kinder mit im Spiel sind. In einem vorsorgenden Ehevertrag kann die Intention oder auch die Verpflichtung mit aufgenommen werden, dass der betreuende Elternteil zum Beispiel bis zur Beendigung der Grundschule des jüngsten Kindes in der ehelichen Immobilie wohnen bleibt. Hieraus wird dann auch für einen späteren Streit ersichtlich, dass ihr das Wohl der Kinder in den Vordergrund stellt. Grundsätzlich gilt hier, spielt den Worst Case bitte einmal durch.

Auch in den Situationen, in denen die Immobilie euch gemeinsam gehört, solltet ihr euch bereits beim Erwerb Gedanken darüber machen, was mit der Immobilie im Trennungs-/Scheidungsfall passieren soll, gerade wenn sich einer von euch allein die Immobilie nicht leisten kann.

Ausgleich für Familien- und Care-Arbeit

Der Ehevertrag, der die Rechte des Ehepartners stärkt, der überwiegend die unbezahlte Care-Arbeit übernommen hat, gewinnt immer mehr an Bedeutung. Die Nachteile, die Frau durch die Übernahme von Care-Arbeit entstehen, wie vermindertes bis gar kein Einkommen, schlechtere Karrieremöglichkeiten und keine Möglichkeit für die eigene Altersvorsorge, müssen ausgeglichen werden. Es geht aber nicht nur um entgangenes Einkommen und entgangene Karrieremöglichkeiten. Es geht auch um die Tatsache, dass Frau in Elternzeit und Teilzeit weiterhin ihre laufenden Verbindlichkeiten zu zahlen hat. Wer vor der Geburt des ersten Kindes mitten im Leben steht, sich etwas aufgebaut hat, private Altersvorsorgen in Form von ETFs, Immobilien als Anlage oder aber auch ein Auto finanziert hat, hat Fixkosten, die natürlich auch noch nach der Geburt des Kindes bedient werden müssen. Es wäre nicht fair, wenn dann die Mutter in der Zeit, in der sie das Kind betreut und in Elternzeit ist, von ihrem Ersparten leben muss, während der Ehepartner als anderer Elternteil weiter seiner Erwerbsarbeit nachgeht und finanziell keine Einbußen zu verzeichnen hat. Großartig, wenn ihr denkt: Na klar! Das ist doch logisch. Das ist aber nicht bei allen so.

Grundsätzlich müsst ihr immer differenzieren, dass es die Zeit *vor* und *nach* den Kindern gibt. Vor den Kindern entscheidet ihr als Paar, was fair ist. Aufteilung von 50 : 50 oder doch eine quotale Einkommensaufteilung? It's up to you. Aber mit der Geburt des ersten Kindes und einer nicht vollkommen paritätischen Verteilung der Aufgaben ist alles andere als 50 : 50 nicht fair. Als Kontrollfrage, ob etwas fair ist, könnt ihr euch immer die Frage stellen: Wie wäre der Stand, wenn keine Kinder da wären?

Ausgleichsmöglichkeiten für die unbezahlte Care-Arbeit

- ☞ Zahlung von Familienunterhalt (Teilung des Gesamteinkommens der Familie).
- ☞ Zahlung oder Aufstockung des Erwerbseinkommens des betreuenden Elternteils, während dieser kein oder weniger Geld erzielt.
- ☞ Ggf. Ausgleich des Nachteils durch das Ehegattensplitting.
- ☞ Ggf. Erhöhung der Ausgleichsquote beim Zugewinnausgleichsanspruch.
- ☞ Private Altersvorsorge, die vom Zugewinn- und vom Versorgungsausgleich ausgeschlossen ist (wenn eine solche vereinbart wird, wird diese zunächst aus dem Einkommen des Haupterwerbstätigen gezahlt und danach wird das Gesamteinkommen der Familie berechnet und geteilt).
- ☞ Jährliche Abfindungssummen (wichtig, wegen Zinseszinseffekt sollten diese bereits in den Ehejahren gezahlt werden und nicht am Ende ein größerer Betrag). Auch wenn am Ende ein Zugewinnausgleichsanspruch besteht, bedenkt bitte, dass bereits in der Ehe ausgezahlte Beträge genutzt werden können, um zu investieren und bereits frühzeitig Vermögen aufzubauen.
- ☞ Übertragung von Eigentumsanteilen.
- ☞ Regelungen im Rahmen des nachehelichen Unterhalts, z. B. längere Zahlung als ⅓ der Ehezeit oder höhere Abfindungssummen.

Die gesellschaftliche Entwicklung, Kürzung des Elterngeldes, fehlende Kita-Plätze und auch die Tatsache, dass in vielen Berufen eine Vereinbarkeit von Familie und Beruf nicht funktioniert, sind Nachteile, die nicht allein von den Frauen getragen werden dürfen. Dass das Gesamteinkommen der Familie in einer gleichberechtigten Ehe auf Augenhöhe geteilt wird und beiden gleichermaßen zusteht, sollte jedem Ehepaar klar sein.

Die nachfolgende Checkliste gibt einen Überblick über die verschiedenen Möglichkeiten für den Ausgleich für die unbezahlte Care-Arbeit und die entgangenen Karrierechancen. Es gibt kein Universalrezept, da die Voraussetzungen bei allen Paaren unterschiedlich sind. Jede Situation ist individuell und bedarf daher einer eigenen Betrachtung. Es ist wichtig, dass ein Problembewusstsein stattfindet.

Ganz wichtig: Wenn ihr euch darüber einig seid, dass Ausgleichszahlungen getätigt werden, insbesondere in vermögensrechtlich mehrernder Hinsicht (Unterhalt wird meistens verbraucht), dann müsst ihr euch immer vor Augen führen, dass Zahlungen oder Kompensationen im Fall einer Scheidung durch den Zugewinnausgleichsanspruch beeinflusst werden können. Es kann also sein, dass deine Bezahlung mit in deinen Zugewinn einfließt und dadurch bei der Vermögensaufteilung zu deinem Nachteil mitberücksichtigt wird. Die Folge wäre, dass der Ausgleich im Endeffekt teilweise »zurückgezahlt« werden würde.

Unterhaltsrechtliche Vereinbarungen

In einem Ehevertrag können die folgenden Vereinbarungen zum Unterhalt mit aufgenommen werden. Es handelt sich hierbei jeweils um gesetzliche Unterhaltsansprüche, die teilweise modifiziert werden können. Wir erinnern uns: Der Familienunterhalt ist ein Anspruch während der Ehe. Der Trennungs- bzw. der nacheheliche Unterhalt fallen in die Zeit der Trennung bzw. Scheidung.

Familienunterhalt

Für den Familienunterhalt ist das Einkommen, was ihr beide während der Ehe verdient, entscheidend. Der Halbteilungsgrundsatz führt dazu, dass auch bei unterschiedlichen Einkommensverhältnissen die Ehegatten finanziell gleichgestellt werden. Insbesondere während der Elternzeit besteht in der Regel eine große Diskrepanz zwischen den Einnahmen des Erwerbsarbeitenden und des Care-Arbeitenden. Hinsichtlich des Familienunterhalts solltet ihr in einem Ehevertrag deshalb festhalten, dass das Gesamteinkommen der Familie in der Art zu teilen ist, dass beide Ehepartner am Ende des Monats eigenes Geld in identischer Höhe zur Verfügung haben.

Trennungsunterhalt

Auf Trennungsunterhalt kann niemals wirksam für die Zukunft verzichtet werden. Alle diesbezüglichen Vereinbarungen sind unwirksam. Möglich ist es aber, ehevertraglich zu vereinbaren, dass der Unterhaltspflichtige den Trennungsunterhalt in einer expliziten Höhe zu zahlen hat. Das hat den Vorteil, dass die notarielle Urkunde einen Titel darstellt, aus dem im Trennungsfall sofort vollstreckt werden kann. Mit Titel ist hier nicht der Doktortitel gemeint, sondern der Ehevertrag als notarielle Urkunde. Damit kann der Gerichtsvollzieher sofort vollstrecken, also das Geld eintreiben. Der Trennungsunterhalt muss somit nicht erst eingeklagt werden. Da die Höhe bei Ehevertragsabschluss meist noch nicht sicher vorausgesagt werden kann, empfiehlt es sich, einen Mindestbetrag festzulegen, sodass mindestens ein Betrag feststeht, mit dem, im Fall der Fälle, gerechnet werden kann. Einen höheren Anspruch geltend zu machen, bleibt einem weiterhin vorbehalten.

Nachehelicher Unterhalt

Die Regelungen bezüglich des nachehelichen Unterhalts beziehen sich auf die Zeit nach rechtskräftiger Scheidung und können vielseitig sein. Vom Ausschluss bis zur Konkretisierung ist hier viel möglich. Der Anspruch auf nachehelichen Unterhalt kann – anders als der Anspruch auf Trennungsunterhalt – ehevertraglich ausgeschlossen werden. Hier ist also besondere Vorsicht geboten, dass ein solcher Ehevertrag nicht einfach mal so unterschrieben wird. Über die Konsequenzen, wie bei dem Verzicht auf den Zugewinnausgleich, solltet ihr euch stets im Klaren sein. Ein Verzicht ist endgültig. Fällt dir später ein, dass das doch keine gute Idee war, ist das zu spät. Wer auf nachehelichen Unterhalt verzichtet, solle darüber nachdenken, eine Abfindungssumme als Gegenleistung zu vereinbaren. Abfindungszahlungen, die ein Ehepartner erhält, um auf den nachehelichen Unterhalt zu verzichten, sind steuerfrei. Allerdings hat der Bundesfinanzhof entschieden, dass bei einem Unterhaltsverzicht vor der Hochzeit der Abfindungsbetrag eine Schenkung dastellt und zu versteuern ist.[92]

Vorsorgende Eheverträge sind dazu da, einen zusätzlichen Schutz für den Ehepartner, der sich der Kindererziehung größtenteils gewidmet hat, zu bieten. Oftmals ist am Anfang der Ehe noch nicht klar, welche vermögensrechtlichen Verhältnisse bei einer Scheidung bestehen werden. In Ehen, in denen eine vermögensrechtliche Sicherheit besteht, ist es aber durchaus üblich, feste (Mindest-)Unterhaltsbeträge mit einer Wertsicherungsklausel in einem Ehevertrag zu titulieren.

Alle Ehepartner könne regeln, wie lange nachehelicher Unterhalt gezahlt werden soll. In der Praxis üblich, aber niemals garantiert, sind ¼ bis ⅓ der Ehezeit. Die zeitliche Begrenzung kann individuell festgelegt werden. Insbesondere kann bestimmt werden, dass bis zu einem bestimmten Alter des jüngsten Kindes Unterhalt zu zahlen ist. Der nacheheliche Unterhalt ist in Geld zu zahlen. Allerdings können auch hier andere Vereinbarungen getroffen werden. Es kann zum Beispiel vereinbart werden, dass der Unterhaltsberechtigte in einer im Eigentum des anderen stehenden Immobilie mietfrei wohnen darf.

Bedenkt bei der Aufnahme von unterhaltsrechtlichen Regelungen bitte die nachfolgenden Aspekte:

- Wie lange soll gezahlt werden?
- Wie wirkt sich eine mögliche neue Partnerschaft oder Heirat aus? Gesetzlich vorgesehen ist, dass bei einer neuen verfestigten Partnerschaft kein Unterhalt mehr zu zahlen ist. Der Unterhaltsanspruch endet per Gesetz auch bei einer erneuten Heirat. Es gibt jedoch auch Fälle, in denen zum Beispiel als Kompensation für einen Verzicht auf den Zugewinnausgleich ein lebenslanger nachehelicher Unterhaltsanspruch vertraglich vereinbart wird, oder aber dieser wegen der Übernahme von Care-Arbeit verlängert wird. Wenn der nacheheliche Unterhalt eine Form des Nachteilsausgleichs darstellt, wäre es widersprüchlich, wenn dieser in neuer Ehe nicht mehr weitergezahlt werden würde, sodass der Erlöschungsgrund ehevertraglich geändert werden kann.
- Wie wirkt sich eigenes Einkommen des Unterhaltsberechtigten aus? Soll dieses mitberücksichtigt werden? Wenn ja, in welcher Höhe? Es kann zum Beispiel vereinbart werden, dass ein monatliches Nettoeinkommen des betreuenden Elternteils aus einer Erwerbstätigkeit von bis zu x Euro nicht angerechnet werden soll.
- Bei einem Ausschluss: Zu welchem Preis verzichtest du auf Unterhalt? Wie hoch würde eine Abfindung ausfallen? Was passiert im Fall von Krankheit oder Arbeitslosigkeit des Unterhaltsberechtigten wenn keine Abfindung vereinbart wurde?
- Was passiert bei Tod eines Beteiligten?

Betreuungsunterhalt

Denk beim Betreuungsunterhalt daran, die Erwerbsobliegenheit anzupassen. Ab dem dritten Geburtstag muss der betreuende Elternteil grundsätzlich Vollzeit arbeiten. Immer wieder kommt es in der Praxis dazu, dass sich in der Ehe beide darüber einig waren, dass die Kinder möglichst wenig fremdbetreut werden. Nach der Trennung heißt es dann: »Wieso? Du kannst doch auch arbeiten gehen. Das schaffen andere doch auch.« Du willst das später nicht ausdiskutieren und in einem Prozess von einem Richter, der schlimmstenfalls die Meinung deines Mannes teilt, entschieden haben. Wie viel Erwerbsarbeit ist neben der Kinderbetreuung in eurem Fall gewünscht und möglich?

Beispiel: Die Modifizierung der Erwerbsobliegenheit könnte wie folgt aussehen.

- Beginn der Erwerbsobliegenheit: mit Einschulung des jüngsten Kindes in die erste Grundschulklasse.
- Erwerbsobliegenheit zu einer Teilzeitbeschäftigung von 20 Wochenstunden: ab Beginn der ersten Grundschulklasse bis zur Vollendung der Grundschule.
- Erwerbsobliegenheit von 25 Wochenstunden: für die 5., 6. und 7. Klasse der weiterführenden Schule.
- Erwerbsobliegenheit von 30 Wochenstunden: für die Klassen 8, 9 und 10.

Kindesunterhalt

In der Regel übernehmen Frauen nach der Trennung die Kinderbetreuung. Die Zahlungsmoral vieler Unterhaltspflichtigen ist erschreckend. Den korrekten Unterhalt erhalten nur 25 Prozent der unterhaltsberechtigten Kinder. Zahlt dein Mann im Fall einer Trennung nicht, hast du zwar einen Anspruch auf einen Unterhaltstitel, allerdings musst du diesen erst beim Jugendamt oder bei Gericht einholen. Die Titelerstellung könnt ihr auch bereits im Ehevertrag mit aufnehmen. Eine in einem Ehevertrag getroffene unterhaltsrechtliche Vereinbarung hat den Vorteil, dass sie grundsätzlich direkt vollstreckt werden kann. Die Düsseldorfer Tabelle kann jeder im Internet aufrufen und schauen, welcher Mindestbetrag zu zahlen wäre.

Wichtig ist, dass der Unterhalt dynamisch tituliert wird. Das bedeutet, dass der Prozentsatz des jeweiligen Mindestunterhalts der jeweiligen Altersstufe tituliert wird. Das hat den Vorteil, dass wenn sich der Unterhalt erhöht, sich der Unterhaltspflichtige automatisch dazu verpflichtet, den höheren Betrag zu zahlen. Dieses Vorgehen erspart euch später eine Menge Ärger.

Regelungen zugunsten des Kindes können immer geschlossen werden. Auch die Regelungen bezüglich Mehr- und Sonderbedarf (→ Seite 155) oder die Übernahme von Krankenkassenbeiträgen, Kita-Beiträgen etc. zugunsten des Kindes können ehevertraglich vereinbart werden. Zum Nachteil des Kindes dürfen keine Vereinbarungen geschlossen werden.[93] Auf Kindesunterhalt kann nicht verzichtet werden.

WICHTIG

Für alle Regelungen, gerade unterhaltsrechtliche Regelungen, gilt: Sollte sich etwas ändern, sind die Vereinbarungen anzupassen. Wenn der Mindestunterhalt tituliert ist, kann der spätere Anspruch trotzdem höher ausfallen. Kommt ein weiteres Kind hinzu, muss ebenfalls eine Anpassung erfolgen.

Versorgungsausgleich

Grundsätzlich sind auch im Rahmen des Versorgungsausgleichs Modifikationen möglich. Es kann unter anderem die Begrenzung des Ausgleichszeitraums, zum Beispiel auf die Zeiten der Erziehung der gemeinsamen Kinder, vereinbart werden, oder die Herausnahme von bestimmten Versorgungsanwartschaften (Teilverzicht). Auch kann – in bestimmten Fällen – der vollständige Ausschluss des Versorgungsausgleichs bestimmt werden. Denkt daran, niemals einfach so einen Verzicht auf den Versorgungsausgleich zu unterschreiben. Die Konsequenzen können schmerzhaft sein. Wir haben zwar gelernt, dass hier Benachteiligungen einer strengen Kontrolle unterliegen – da wir uns im Kernbereich des Scheidungsfolgenrechts befinden –, dennoch gibt es durchaus Fälle, in denen stark nachteilige Regelungen wirksam sein können.

Es gibt aber auch Fälle, in denen ein Ausschluss des Versorgungsausgleichs durchaus sinnvoll sein kann. Wenn zum Beispiel dein Zukünftiger selbstständig ist und du neben den Kindern in Teilzeit angestellt arbeitest. Als Selbstständiger ist man nicht dazu verpflichtet, in die Rente einzuzahlen. Das kann dazu führen, dass der Selbstständige am Ehe-Ende keine beziehungsweise nur wenige Rentenanwartschaften gesammelt hat. Der Teilzeitarbeitende hingegen schon. Obwohl du in Teilzeit gearbeitet und die Care-Arbeit kostenlos übernommen hast, hat der andere im Fall einer Scheidung dann Anspruch auf die Hälfte deiner sowieso schon wenigen Rentenpunkte. Na happy Birthday. Das willst du nicht.

Ein Ausschluss des Versorgungsausgleichs unterliegt der gerichtlichen Überprüfung und sollte deswegen immer begründet werden. Wenn der Versorgungsausgleich ausgeschlossen wird, hat dies keine Nachteile für den Fall, dass einer verstirbt. Der Versorgungsausgleich betrifft nur den Fall, dass die Ehe durch Ehescheidung endet. Wenn also der Versorgungsausgleich ausgeschlossen wird, hat der hinterbliebenen Ehepartner immer noch einen Anspruch auf Witwenrente.

☆ MERKE

Ihr könnt ehevertraglich vereinbaren, dass für den Partner, der die Care-Arbeit leistet, eine private Altersvorsorge abgeschlossen wird. Hierbei ist ganz wichtig, dass diese Altersvorsorge aus dem Zugewinn und dem Versorgungsausgleich ausgeschlossen wird. Wenn zum Beispiel eine Kapitallebensversicherung oder auch ein ETF-Sparplan als Altersvorsorge dienen soll, fällt diese in den Zugewinn. Wenn aber in die private Rentenversicherung eingezahlt wird, würde diese in den Versorgungsausgleich fallen.

Checkliste eures Ehevertrags

DOS + DON'TS

Ausgleich eines eventuellen Steuernachteils durch Steuerklasse 5 (monatliche Überweisung oder das monatliche Netto-Mehr wird z. B. für gemeinsame Investitionen getätigt)

Regelung der Erwerbsobliegenheit in Abhängigkeit vom Alter der Kinder

Zusätzliche private Altersvorsorge für den betreuenden Elternteil (vom Zugewinn und Versorgungsausgleich ausgenommen)

Begrenzung des Ehegattenunterhalts in der Höhe. Achtung: Auch wenn im Ehevertrag steht, dass bestimmte Einkommensarten nicht mit in die Berechnung einzubeziehen sind.

Festlegung, dass Familienunterhalt in Geld zu zahlen ist.

Aufstockung oder Zahlung des Gehalts für den betreuenden Elternteil (wenn kein gemeinsames Wirtschaften)

Festlegung, wie lange Ehegattenunterhalt gezahlt wird, z. B. immer ⅓ der Ehezeit.

Familienunterhalt – Einsetzung des Gesamteinkommens der Eheleute für die Familie (ggf. 10 % Erwerbstätigenbonus)

Einseitig diktieren/ vorlegen lassen

Fertigung eines Verzeichnisses über das Anfangsvermögen

Ausschluss von Unterhalt, wenn keine eigene Chance besteht, Vermögen aufzubauen.

Aushandeln, gemeinsam und auf Augenhöhe

Ausgleich für Karriereknick

Individuell

Regelmäßige Kontrolle und ggf. Anpassung des Ehevertrags, wenn sich Lebensumstände ändern.

Ausnahme von Unternehmen oder Firmen

Standardisiert/Der Ehevertrag des Schwiegervaters oder des Bruders ...

Gemeinsame Immobilie; ggf. was ist mit erhöhtem Eigenkapital?

Schlusswort

Geschafft. 213 Seiten geballtes Wissen. Jetzt liegt es an dir, bestens gewappnet Ja zu sagen – mit oder ohne Ehevertrag – oder aber informiert Nein zu sagen. In jedem Fall weißt du nach dem Buch, was auf dich zukommt.

Die Ehe schützt dich nicht, sondern es ist deine Aufgabe, dir einen doppelten Boden zu schaffen. Als Frau musst du dich absichern. Denke immer daran: Der Fall von oben ist ganz besonders schmerzhaft. Du hast es heute in der Hand, spätere lange Rosenkriege und Gerichtsverfahren zu vermeiden. Hab immer im Kopf, dass am Ende von jahrelangen Verfahren meist ein Kompromiss steht. Den könnt ihr auch schon heute, im Guten, finden. Das Beste daran: Er wird besser sein als im Fall einer Scheidung, denn heute habt ihr einen Vorteil: Liebe, Achtung und Respekt voreinander. Keiner will dem anderen etwas Schlechtes. Das sollte genutzt werden. Denk immer daran, dass auch in dem Fall, in dem ihr euch scheiden lassen solltet und ihr gemeinsame Kinder habt, ihr für immer miteinander verbunden bleiben werdet. Für alle ist ein harmonisches Verhältnis auch bei einer Trennung von Vorteil. Insbesondere für die Kinder. Eltern, die es schaffen, das Finanzielle zu klären, schaffen es auch, die Paarebene vollständig abzuschließen und allein auf der Elternebene zu sein.

Ich wünsche dir, dass du eine lange und glückliche Ehe führst und deine Ehe zu den 65 Prozent der Ehen gehört, die halten. Bestimmt wird es auch mal Wolken am Horizont geben. Eine Ehe ist, wie jede andere Beziehung, Arbeit. Habt Verständnis für den anderen. Schmeißt nicht sofort hin, wenn es schwierig wird.

Mein Geheimtipp: Die lange Leine hält am längsten. Freiwilligkeit, Augenhöhe, Verständnis und Fairness sind das Rezept für eine lange glückliche Ehe. Nach 17 Jahren Beziehung (8 davon verheiratet) – mit demselben Mann – spreche ich aus Erfahrung. Ihr werdet euch verändern und weiterentwickeln. Niemand will in 10 Jahren der gleiche Mensch sein wie heute. Wichtig ist, dass ihr neben der individuellen Entwicklung auch den anderen Partner mitnehmt und euch auch als Ehepaar weiterentwickelt. Gleiche Lebensziele verbinden. Ich wünsche euch von ganzem Herzen alles Liebe und Gute.

Danksagung

Als Erstes möchte ich dir danken, dass du mein Buch in den Händen hältst und dazu beiträgst, meine Mission zu verbreiten. Du bist mit mir die komplexe Thematik des Ehe-/Scheidungs- und Ehevertragsrechts durchgegangen. Wow!

Ganz besonders möchte ich an dieser Stelle auch meinem Mann danken, denn ohne ihn – so ehrlich muss ich sein – würde dieses Buch nicht existieren. Im täglichen Alltagswahnsinn zwischen Kindern und Kanzlei noch Zeit zum Schreiben zu finden, wäre ohne seine Unterstützung und die Übernahme von zeitweise deutlich mehr Verantwortung für das Familienleben nicht möglich gewesen. Durch ihn weiß ich, dass es mit dem richtigen Ehepartner eine gleichberechtigte Ehe auf Augenhöhe gibt.

Ohne meine Mama wäre ich heute nicht hier. Sie hat immer an mich geglaubt und ist zu einem Großteil mitverantwortlich, dass ich heute als Anwältin dieses Buch schreiben konnte. Auch ohne die Unterstützung meiner Eltern, die, wann immer es möglich ist, mir den Rücken freihalten, wäre das Buchprojekt nicht umsetzbar gewesen. Jede Mama weiß, dass der Kopf nur frei ist, wenn man weiß, dass die Kinder bestens versorgt werden. Danke, dass ihr mein schlechtes Gewissen so oft erleichtert.

Auch möchte ich meinen Freundinnen, Fabienne Jaeger, Martina Ammon, Sabine Krampen-Lietzke und Birgit Riesterer, von Herzen danken. Ihr Support und ihre ehrlichen kritischen Nachfragen haben das Buch zu dem gemacht, was es letztlich geworden ist. Sabine und Martina, die sich auch als Kolleginnen die Zeit genommen haben und immer selbstverständlich für einen fachlichen Austausch da waren. Fabienne, die mich durch ihre frischen Impulse gedopet hat, an den Stellen, wo ich mich in meinen geliebten juristischen Endlossätzen verloren habe, auf den Punkt zu kommen, und auch gerade in der Schlussphase sich die Nächte mit mir um die Ohren geschlagen hat. Echte Freundinnen und Supporterinnen im Leben zu haben, ist ein unbezahlbares Geschenk. Ich danke euch.

Weitere Infos

Wenn du weiter in Fachliteratur eintauchen willst, empfehle ich dir die auch von mir hier teilweise verwendeten Bücher.

Bücher

Grüneberg – Beck'sche Kurzkommentare – Bürgerliches Gesetzbuch mit Nebengesetzen, 83. Aufl. (Das ist die sogenannte Bibel der Juristen zum schnellen Nachlesen).

Ludwig Bergschneider – Verträge in Familiensachen: Eheverträge, Trennungs- und Scheidungsfolgenvereinbarungen, 7. Aufl.

Grandel/Stockmann – Stichwortkommentar Familienrecht: Materielles Recht/ Verfahrensrecht, 3. Aufl.

Marina Wellenhofer – Familienrecht, 5. Aufl.

Scholz/Kleffmann – Praxishandbuch Familienrecht, 44. Aufl.

Dr. Christoph Münch – Familienrecht in der Notar- und Gestaltungspraxis, 4. Aufl.

Urteile

Auskunftsanspruch des Scheinvaters gegen die Mutter:
BVerfG – Beschluss v. 24. Februar 2015 – Az.: 1 BvR 472/14

Sex in der Ehe in den 1960ern:
BGH – Urt. v. 02. November 1996 – Az.: IV ZR 239/65

Relevanz von Sex für die Trennung:
OLG – Zweibrücken, Urt. v. 07. November 2008 – Az.: 2 UF 102/08

Unterhaltsbedarf nach Einkommensquote:
BGH – Beschluss v. 15. November 2017 – Az.: XII ZB 503/16

Lottogewinn fällt in den Zugewinnausgleich:
BGH – Beschluss v. 16.10.2013 – Az.: XII ZB 227/12

Schmerzensgeld fällt in den Zugewinnausgleich:
BGH – Urt v. – 27.05.1981 – Az.: IVb ZR 577/80

Kohl-Urteil: Vererbbarkeit von Schmerzensgeldansprüchen

BverfG – Beschluss v. 24.10.2022 – Az.: 1 BvR 19/22

Kein Anspruch auf Umgangsrecht mit Haustier im Fall der Scheidung:
OLG Stuttgart – Beschluss v. 23. April 2019 – Az.: 18 UF 57/19

Kein gemeinsamer Anwalt bei Eheleuten:
BGH – Urt. v. 19. September 2013 – Az.: IX ZR 322/12

Pflicht zur Zustimmung zur Zusammenveranlagung in der Ehe:
BGH – Urt. v. 13. Oktober 1976 – Az.: IV ZR 104/74

Pflicht zur Zusammenveranlagung nach der Trennung:
BGH – Urt. v. 12. Juni 2002 – Az.: XII ZR 288/00

Pflicht zur Zusammenveranlagung nach der Trennung, trotz Steuerklasse V:
OLG Koblenz – Beschluss v. 12. Juni 2019 – Az.: 13 UF 617/18

Studien/Daten/Fakten

Fehlende Kitaplätze:
https://www.bertelsmann-stiftung.de/de/themen/aktuelle-meldungen/2023/november/mehr-plaetze-und-bessere-qualitaet-in-kitas-bis-2030-wenn-jetzt-entschlossen-gehandelt-wird

WeddyPlace-Hochzeitsstudie:
https://www.weddyplace.com/de/hochzeitsstudie/2024

Zahlen rund um Eheschließungen und Ehescheidungen:
https://www.destatis.de/DE/Themen/Gesellschaft-Umwelt/Bevoelkerung/Eheschliessungen-Ehescheidungen-Lebenspartnerschaften/_inhalt.html

Alleinerziehende Zahlen:
https://de.statista.com/statistik/daten/studie/318160/umfrage/alleinerziehende-in-deutschland-nach-geschlecht/

Zahlen zur häuslichen Gewalt:
https://www.bundesregierung.de/breg-de/aktuelles/lagebild-haeusliche-gewalt-2201488#:~:text=240.547%20Menschen%20sind%202022%20Opfer,des%20neuen%20Lagebilds%20des%20Bundeskriminalamts.

https://www.bamf.de/SharedDocs/Anlagen/DE/Integration/Grundgesetz/broschuere-das-grundgesetz.pdf?__blob=publicationFile&v=15

Broschüre zum Eherecht:

https://www.bmj.de/SharedDocs/Publikationen/DE/Broschueren/Eherecht.pdf?__blob=publicationFile&v=15

Informationen zum Elterngeld:
https://www.bmfsfj.de/bmfsfj/themen/familie/familienleistungen/elterngeld/elterngeld-73752

Informationen zur Rente:
https://www.deutsche-rentenversicherung.de/DRV/DE/Rente/Allgemeine-Informationen/Rentenarten-und-Leistungen/Renten-an-Hinterbliebene/renten-an-hinterbliebene_node.html

Informationen zum Namensrecht:
https://www.bmj.de/DE/themen/gesellschaft_familie/namensrecht/namensrecht_node.html

Studie: »Kindeswohl und Umgangsrecht«:

https://projekt-petra.de/files/contaoLive/Materialien/Studien/230811%20final%20Gesamt%20Broschüre%20Kindeswohl%20und%20Umgangsrecht.pdf

Studie Bertelsmann-Stiftung: Alleinerziehende in Deutschland:

https://www.bertelsmann-stiftung.de/fileadmin/files/user_upload/Factsheet_Alleinerziehende_2024.pdf

Quellen

1 https://de.statista.com/statistik/daten/studie/1323/umfrage/eheschliessungen-in-deutschland/

2 https://www.destatis.de/DE/Themen/Gesellschaft-Umwelt/Bevoelkerung/Eheschliessungen-Ehescheidungen-Lebenspartnerschaften/_inhalt.html

3 Bertelsmann-Stiftung: Raus aus der Zweitverdienerfalle

4 https://de.statista.com/statistik/daten/studie/1323/umfrage/eheschliessungen-in-deutschland/#:~:text=Im%20Jahr%202023%20wurden%20in,ganz%20Deutschland%20weitaus%20weniger%20geheiratet.

5 https://de.statista.com/statistik/daten/studie/76211/umfrage/scheidungsquote-von-1960-bis-2008/

6 https://www.weddyplace.com/de/hochzeitsstudie/2023

7 Von 2001 bis 01.10.2017 existierte das Gesetz über die eingetragene Lebenspartnerschaft (LPartG). Die Ausführungen in diesem Buch gelten sowohl für alle Ehepaare als auch alle eingetragenen Lebenspartnerschaften nach dem LPartG.

8 BGH FamRZ 1974, 366

9 § 1619 BGB

10 https://www.bpb.de/shop/zeitschriften/apuz/fachkraeftemangel-2024/548772/erwerbsbeteiligung-von-frauen/#footnote-target-12

11 https://www.destatis.de/DE/Presse/Pressemitteilungen/2024/02/PD24_073_63991.html

12 https://www.bertelsmann-stiftung.de/en/unsere-projekte/beschaeftigung-im-wandel/projektnachrichten/gleichstellung-am-arbeitsmarkt#:~:text=Mütter%20mit%20einem%20Kind%20erzielen,(Barišić%20und%20Consiglio%202020).

13 https://www.bertelsmann-stiftung.de/fileadmin/files/Projekte/Fruehkindliche_Bildung/KiTa-Personal_braucht_Prioritaet_auch_2023.pdf

14 https://www.destatis.de/DE/Themen/Gesellschaft-Umwelt/Bevoelkerung/Eheschliessungen-Ehescheidungen-Lebenspartnerschaften/_inhalt.html

15 https://www.destatis.de/DE/Themen/Gesellschaft-Umwelt/Bevoelkerung/Eheschliessungen-Ehescheidungen-Lebenspartnerschaften/_inhalt.html

16 § 1353 Abs. 1 S. 2 BGB

17 § 1567 Abs. 1 BGB

18 OLG Jena – Urteil vom 23. September 2004 – Az.: UF 140/04

19 BGH – Urteil vom 02. November 1996 – Az.: IV ZR 239/65

20 OLG Zweibrücken – Urteil vom 07. November 2008 – Az.: 2 UF 102/08

21 BGH – Urteil vom 22. Februar 1995 – Az.: XII ZR 80/94

22 BGH – Urteil vom 13. Oktober 1976 – Az.: IV ZR 104/74

23 BGH – Urteil vom 12 Juni 2002 – Az.: XII ZR 288/00

24 Der nacheheliche Unterhalt wird auch geschiedenen Unterhalt genannt.

25 In der juristischen Literatur wird vielfach vertreten, dass Familienunterhalt nicht in Geld (Geldrente) ausgezahlt werden soll. Die Rechtsprechung geht aber davon aus, dass Familienunterhalt in einem Geldbetrag bemessen werden kann, z. B. BGH – Urteil

vom 12. April 2006 – Az.: XII ZR 240/03. Gerade in den Familien, in denen die klassische Rollenverteilung oder die Zuverdienerehe gelebt wird, überzeugt die Ansicht, Familienunterhalt anders als Trennungsunterhalt und nachehelichen Unterhalt nicht in Geld zu zahlen, nicht. Es ist nicht zeitgemäß und auch keine konsequente Umsetzung des Halbteilungsgrundsatzes.

26 Das »familienrechtlich bereinigte Nettoeinkommen« ist die Basis für die Berechnung von Unterhaltszahlungen. Dieses familienrechtlich bereinigte Nettoeinkommen soll ein realistisches Bild der individuellen wirtschaftlichen Leistungsfähigkeit geben. Von dem tatsächlichen Einkommen werden Abzüge gemacht. Bruttoeinkommen abzüglich Steuern und Vorsorgeaufwendungen. Weiterhin können unterhaltsrelevante Abzugspositionen geltend gemacht werden. Diese sind z. B.: Berufsbedingte Aufwendungen, Wohnvorteile/Wohnkosten, Schulden (Immobilienkreditraten, Studienkredite, Kfz-Finanzierungen, Konsumkredite etc.), Betreuungskosten, Freibeträge für Elterngeld, private Altersvorsorge etc. Die genau Ermittlung ist kompliziert. Die Abzugspositionen ergeben sich aus den unterhaltsrechtlichen Leitlinien der Oberlandesgerichte (OLG). So können sich auch bezirksspezifische Unterschiede ergeben. (Auf den jeweiligen Seiten der OLGs werden die Leitlininen veröffentlicht). Familienrechtliche Abzugspositionen sind nicht mit denen des Steuerrechts gleichzusetzten. Hier bestehen Unterschiede. Die genaue Berechnung kann durch Familienrechtler vorgenommen werden, die hierzu auch spezielle Unterhaltsberechnungsprogramme verwenden.

27 Die Rechnung berücksichtigt nicht den sogenannten Erwerbstätigenbonus von 10 Prozent, den die Rechtsprechung für Erwerbstätige beim Trennungs- und beim nachehelichen Unterhalt vorsieht. Die Stimmen, die davon ausgehen, dass Familienunterhalt nicht in Geld zu zahlen ist, gehen davon aus, dass beim Familienunterhalt auch kein Erwerbstätigenbonus mitzuberücksichtigen ist. Da ich die Meinung vertrete, dass Familienunterhalt sehr wohl in Geld zu zaheln ist, könnte folgerichtig auch der Erwerbstätigenbonus mitberücksichtigt werden. Jeder, der arbeitet, darf 10 Prozent von seinem Einkommen für sich behalten. Das Gesamteinkommen wäre dementsprechend geringer. Bedenkt: Wer den Erwerbstätigenbonus beim Familienunterhalt mitberücksichtigt, der gibt der Erwerbsarbeit einen höheren Wert als der Care-Arbeit. Es bleibt euch überlassen, wie ihr dies handhaben möchtet.

28 Urteil vom Oberlandesgericht Frankfurt am Main in seinem Beschluss vom 28.03.2024 (AZ. 1 UF 160/23).

29 10 Prozent von dem unterhaltsrechtlich bereinigten Nettoeinkommen. Kindesunterhalt und sonstige unterhaltsrechtlich erhebliche Verbindlichkeiten sind zuvor abzuziehen.

30 Einvernehmlich können die Ehegatten auf rückständigen Trennungsunterhalt verzichten, was im Rahmen von Scheidungsfolgenvereinbarungen vereinbart werden kann.

31 §§ 1570–1577 BGB

32 Hierzu gehören auch Kranken- und Altersvorsorgeunterhalt.

33 Das sind Lebens- oder Rentenversicherungen, die der Arbeitgeber für seine Mitarbeiter abschließt. Versicherungsnehmer ist der Arbeitgeber.

34 Auch Kapitalleistungen unterliegen hier dem Versorgungsausgleich. Gilt auch bei Gütertrennung.

35 Im Rahmen der Elternzeit wird für alle Kinder, die ab 1992 geboren wurden, drei Jahre pro Kind Rente berücksichtigt. Diese Erziehungszeiten werden als Beitragszeiten gewertet und erhöhen die Rentenansprüche.

36 Weitere Informationen zur Witwenrente: https://www.deutsche-rentenversicherung.de

37 § 1362 BGB

38 BGH – Urteil vom 25. Juni 1980 – Az.: IV b ZR 516/80

39 BGH – Urteil v. 13. März 1991 – Az.: XII ZR 79/90

40 Auf die einzelnen Bewertungsmethoden wird in diesem Buch nicht weiter eingegangen.

41 Bis zum Jahr 2009 wurden Schulden nicht mitberücksichtigt. Trotz Schulden war das Anfangsvermögen immer Null.

42 Nachlassverbindlichkeiten oder Darlehen auf einer Immobilie, die übernommen wurden. Der priviligierte Erwerb kann insgesamt negativ sein, z. B. wenn ein Nachlass angenommen wird, der negativ ist.

43 Bei sog. gemischten Schenkungen, bei denen nur ein Teil unentgeltlich erfolgte, ist auch nur der unentgeltliche Teil priviligiertes Vermögen.

44 BGH – Urteil vom 27. Mai 1981 – Az.: IVb ZR 557/80. Vererbbar sind Schmerzensgeldansprüche aber nicht, insb. wenn es um die Entschädigung immaterieller Schäden geht. Das hat das Bundesverfassungsgericht in dem sog. »Kohl-Urteil« (BVerfG – Beschluss vom 24. Oktober 2022 – Az.: 1 BvR 19/22) entschieden. Es stellt somit klar, dass Schmerzensgeldansprüche stark personenbezogen sind. Das würde eher dafür sprechen, dass Schmerzensgeldansprüche als priviligiertes Vermögen einzuordnen wären. Auch die Literatur geht davon aus, dass Schmerzensgeld einen höchstpersönlichenn Charakter hat und damit zu priviligieren wäre. Eine neue Entscheidung des BGHs bleibt abzuwarten.

45 BGH – Beschluss vom 16. Oktober 2013 – Az.: XII ZB 227/12

46 § 1375 Abs. 2 BGB

47 BGH – Urteil vom 12. November 2014 – Az.: XII ZB 469/13

48 § 1380 BGB

49 Anders: Wenn Haushaltsgegenstände *vor* dem 01.09.2009 gekauft wurden. Wenn ein Ehegatte einen Haushaltsgegenstand im Eigentum hatte und dieser Gegenstand in der Ehe neu gekauft wurde, dann hat sich das Eigentum des Ehepartners an dem neuen Gegenstand fortgesetzt. Sog. Ersetzungsbefugnis. Damit ist die Sache im Alleineigentum geblieben.

50 OLG Stuttgart – Beschluss vom 23. April 2019 – Az.: 18 UF 57/19

51 Ebenfalls besteht auch die Möglichkeit, die Immobilie auf gemeinsame Kinder zu übertragen, ein gemeinsames Wohnrecht, oder aber die Realteilung.

52 Mit Eintritt der Volljährigkeit sollten eure Kinder euch eine Vorsorgevollmacht ausstellen.

53 Studie der Forschungsgruppe PETRA: »Kindeswohl und Umgangsrecht« https://projekt-petra.de/files/contaoLive/Materialien/Studien/230811%20final%20Gesamt%20Broschüre%20Kindeswohl%20und%20Umgangsrecht.pdf

54 Bertelsmann-Stiftung: Alleinerziehende in Deutschland: https://www.bertelsmann-stiftung.de/fileadmin/files/user_upload/Factsheet_Alleinerziehende_2024.pdf

55 Bertelsmann-Stiftung: Alleinerziehende in Deutschland https://www.bertelsmann-stiftung.de/fileadmin/files/user_upload/Factsheet_Alleinerziehende_2024.pdf

56 OLG Brandenburg Beschluss vom 4. September 2019 Az.: 13 UF 77/19

57 § 170 StGB

58 Wissenschaftlerinnen und Wissenschaftler des DJI sowie der Katholischen Universität Eichstätt-Ingolstadt (KU) haben anhand der Daten der DJI-Alleinerziehendenstudie

(https://www.dji.de/veroeffentlichungen/literatursuche/detailansicht/literatur/28915-alleinerziehend-alleinbezahlend.html) sich mit der Frage beschäftigt, wie viele unterhaltsberechtige Kinder den vollen Unterhalt bekommen. Für die Studie wurden mehr als 1.000 alleinerziehende Mütter und knapp 100 alleinerziehende Väter mit einem Kind unter 15 Jahren befragt. https://www.dji.de/veroeffentlichungen/pressemitteilungen/detailansicht/article/867-wenn-unterhaltspflichtige-elternteile-nicht-zahlen.html

59 Weitere Informationen zum Unterhaltsvorschuss siehe: https://www.bmfsfj.de/bmfsfj/themen/familie/familienleistungen/unterhaltsvorschuss/unterhaltsvorschuss-73558

60 Seit dem 01.01.2023 können auch Eheleute gemeinsam eingesetzt werden. Das kann die ganze Sache aber komplizierter machen und zu Problemen führen, z. B. wenn sich das Ehepaar trennt.

61 Partnermonate können auch Alleinerziehende bekommen.

62 Der gesetzliche Mutterschutz beginnt grds. 6 Wochen vor dem errechneten Geburtstermin und endet i. d. R. 8 Wochen nach der Geburt. In dieser Zeit steht – abhängig von der Arbeitssituation und der Krankenversicherung – Frauen das Mutterschaftsgeld zu. Das Mutterschutzgeld ist eine Entgeltersatzleistung und beträgt max. 13 Euro pro Tag und wird von den gesetzlichen Krankenkassen gezahlt. Der Arbeitgeber bezuschusst das Mutterschaftsgeld um die Differenz zwischen dem von der Krankenkasse gezahlten Betrag und dem Nettogehalt.

63 Ab dem 15. Lebensmonat muss durchgängig ElterngeldPlus genommen werden.

64 § 4 BEEG

65 Gilt für alle Kinder, die ab dem 01. September 2021 geboren wurden.

66 Entscheidend ist, wie viele Stunden am Ende insgesamt pro Monat gearbeitet wurde.

67 Modellberechnung des Ministeriums für Familie, Senioren, Frauen und Jugend: Neuregelungen beim Elterngeld für Geburten ab dem 01. April 2024: https://www.bmfsfj.de/bmfsfj/themen/familie/familienleistungen/neuregelungen-beim-elterngeld-fuer-geburten-ab-1-april-2024-228588

68 Bis zum 31. August 2021 lag die Grenze für Paare bei 500.000 Euro.

69 Zu den Mindestbeiträgen: https://www.krankenkassen.de/gesetzliche-krankenkassen/krankenkasse-beitrag/freiwillig-versichert-gkv/

70 Je nach Krankenkasse können die Beiträge reduziert oder erlassen werden, wobei der zweite Elternteil auch gesetzlich versichert sein muss. Kontaktiert frühzeitig eure Krankenkasse, um Details zu klären.

71 Jedenfalls wenn der Vertrag Regelungen zum Güterrecht, Versorgungsausgleich oder nachehelichen Unterhalt hat. Und das ist nun mal sinnvollerweise der Fall.

72 BGH – Urteil vom 19. September 2013 – Az.:IX ZR 322/12

73 WeddyPlace: Die große Hochzeitsstudie 2023: https://www.weddyplace.com/de/hochzeitsstudie/2023
Im Jahr 2024 haben die Deutschen durchschnittlich sogar 15.452 Euro für ihre Hochzeit ausgegeben. WeddyPlace: Die große Hochzeitsstudie 2024: https://www.weddyplace.com/de/hochzeitsstudie/2024

74 https://www.weddyplace.com/de/hochzeitsstudie/2023
https://www.weddyplace.com/de/hochzeitsstudie/2024

75 Bedenkt, dass trotz Rechtswahl auch die Möglichkeit besteht, dass im Ausland die Rechtswahl nicht gültig sein kann und dann ggf. ausländisches Recht zur Anwendung kommen könnte, insb. außerhalb des Geltungsbereichs der Europäischen Güterrechtsverordnung. Auf weitere Ausführungen zur Rechtswahl wird an dieser Stelle verzichtet, da dies den Rahmen sprengen würde.

76 BGH – Beschluss vom 29. November 2023 – Az.: XII ZB 531/22

77 § 138 BGB. Diese Vorschrift ist die Höchststrafe. Bei der Prüfung, ob ein Ehevertrag gegen § 138 BGB verstößt, handelt es sich um die sog. Wirksamkeitskontrolle.

78 OLG Düsseldorf – Urteil vom 16. Februar 1983 – Az.: 25 U 38/83

79 OLG Hamm – Beschluss vom 20. August 1990 – Az.: 29 W 101/89

80 BGH – Urteil vom 11. Februar 2004 – Az.: XII ZR 265/02 (Rspr. zur Inhaltskontrolle)

81 BVerfG – Urteil vom 26. Feburar 2001- Az.: 1 BvR 12/92

82 BGH – Urteil vom 25.Mai 2005 – Az.: XII ZR 296/01

83 OLG Braunschweig – Beschluss vom 13. April 2005 – Az.: 2 WF 289/04

84 BGH – Urteil vom 09. Juli 2008 – Az:: XII ZR 6/07

85 BGH, Beschluss v. 31.01.2024 – Az.: XII 385/23.

86 Schadensersatzansprüche sind möglich, scheiden regelmäßig aber aus, weil ein Schaden in Form eines Vermögensschadens Voraussetzung ist, was nicht anzunehmen ist, wenn gegen die persönlichen ehelichen Pflichten verstoßen wird. Wer aber nicht zum Realsplitting zustimmt, der macht sich schadensersatzpflichtig, da aufgrund der unterlassenen Zustimmung dem anderen Ehegatten ein Schaden entstanden ist. In der Literatur wird vertreten, dass Schadensersatzansprüche, die die eheliche Rollenvereinbarungen betreffen, ebenfalls ausscheiden, weil – auch wenn die Vermögenssphäre des für die Familie zurücksteckenden Partners betroffen wäre, unzulässig sei, da die Folgen des Ehescheidungsrechts ausreichend seien. In dem Buch habe ich aufgezeigt, warum die Regelungen nicht immer ausreichen.

87 § 1374 I BGB

88 § 1377 BGB

89 Bei einem Nießbrauch wird einer Person das Nutzungsrecht an einer Immobilie eingeräumt. Der Nießbraucher kann auch Einkünfte aus einer Immobilie generieren, wenn er diese vermietet oder verpachtet. Die Immobilie verkaufen kann der Nießbraucher nicht. Das ist das Recht des Nießbrauchgebers.

90 Und auch die Ersatzgegenstände, Erlöse oder weitere Surrogate samt Wertsteigerungen und Erträgen.

91 Ebenfalls kann der Zeitpunkt für die Berechnung des Endvermögens modifiziert werden.

92 BFH – Urteil vom 17. Oktober 2007 Az.: II R 53/05

93 Erlaubt und in der Praxis in Scheidungsfolgenvereinbarungen vorkommend sind sog. Freistellungsklauseln.